Die große Backschule

Kuchen, Gebäck und Desserts

Produktmanagement: Sonya Mayer
Text- und Rezeptredaktion: Monika Judä
Korrektur: Regina Jooß
Einbandgestaltung: Eva Salzgeber
Layout und Satz: Silke Schüler
Repro: Repro Ludwig, Zell am See
Herstellung: Barbara Uhlig
Text und Rezepte: Beate Wöllstein
Fotografie: Anja Prestel
Kooperationen: Thomas Nehm
Printed in Italy by Printer Trento

Unser komplettes Programm finden Sie unter:

 www.christian-verlag.de

Bildnachweis: Alle Fotos auf dem Bucheinband und im
Innenteil stammen von Anja Prestel, mit Ausnahme der
Fotos auf den Seiten 72-73, 114-115, 162-163, 194-195,
232-233, 292-293, diese stammen von Beate Wöllstein.

Wir danken folgenden Partnern für die freundliche Unterstützung unseres Fotoshootings: Demarle, IB Laursen, Kenwood,
KitchenAid KG (über Blume PR GmbH & Co KG), Valrhona

Die Deutsche Nationalbibliothek verzeichnet diese Publikation
in der Deutschen Nationalbibliografie; detaillierte bibliografi-
sche Daten sind im Internet über http://dnb.d-nb.de abrufbar.

ISBN 978-3-86244-981-1

Sind Sie mit diesem Titel zufrieden? Dann
würden wir uns über Ihre Weiterempfehlung
freuen. Erzählen Sie es im Freundeskreis,
berichten Sie Ihrem Buchhändler oder
bewerten Sie bei Onlinekauf. Und wenn Sie
Kritik, Korrekturen, Aktualisierungen haben,
freuen wir uns über Ihre Nachricht an:

Christian Verlag
Postfach 40 02 09
D-80702 München
oder per E-Mail an lektorat@verlagshaus.de

Beate Wöllstein

Die große Backschule

Kuchen, Gebäck und Desserts

Küchenpraxis
Warenkunde
Rezepte

Fotos Anja Prestel

CHRISTIAN

Warum ich dieses Buch geschrieben habe

Gibt es etwas Sinnlicheres als ein Dessert mit echtem Wow-Effekt? Ein Dessert oder ein Törtchen sollte ein wahres Geschmackserlebnis sein, welches man nie mehr vergisst und das man am liebsten immer wieder genießen möchte.

Mit dem Dessert, dem letzten Gang, steht und fällt der Gesamteindruck jedes Menüs. Wir Patissiers haben also eine hohe Verantwortung gegenüber unseren Gästen. Sie zu überraschen, ihnen ein Lächeln ins Gesicht zu zaubern, ihre Sinne zu wecken und ihnen ein unvergessliches »Grande Finale« zu bieten, hat mich immer schon fasziniert - das war und ist der Motor meines Schaffens.

Durch meinen Anspruch, mit größter Hingabe und Leidenschaft zu jeder Zeit ausgezeichnete Qualität zu liefern, ständig zu experimentieren, neue Desserts, Torten und Schaustücke zu kreieren, konnte ich schon vor langer Zeit ein Gespür für neue Trends und Innovationen entwickeln: Denn auch die Patisserie erlebt immer wieder neue Epochen und diese konnte ich in meiner langjährigen Karriere als Executive Pastry Chef in den besten Häusern prägend mitgestalten.

In den fast 30 Jahren meiner Laufbahn durfte ich schon so einige Promis mit meinen köstlichen Kreationen verwöhnen. Darunter viele Schauspieler, Musiker, Sportler, Politiker und Royals. Einige kleine spannende Episoden, die ich mit ihnen erlebt habe, finden Sie auf den folgenden Seiten dieses Buches.

Wenn ich heute zurückblicke auf meine lange internationale Karriere, erkenne ich, dass ich neben Fachwissen, Kreativität, viel Fleiß und Durchhaltevermögen auch eine große Portion Glück gehabt habe. Ich blicke mit Stolz auf diese Zeit zurück. Nach vielen aufregenden Jahren in Italien, London und Dubai wieder daheim in München, habe ich mir meinen großen Traum einer eigenen Back- und Dessertschule erfüllt.

In meinem »Wöllsteins Desserthaus« gebe ich nun mein Wissen und meine Erfahrung in einer Vielzahl von Back- und Dessertkursen an meine Kursteilnehmer weiter. Ganz wichtig dabei ist mir, bei meinen Schülern die Lust und die Freude am Backen zu wecken und sie für außergewöhnliche Geschmackserlebnisse zu begeistern. Mit den von mir vermittelten Profitechniken ist es meinen Schülern möglich, raffinierte süße Werke auf höchstem Niveau auch zu Hause gelingsicher anzufertigen.

Und jetzt kommt die Backschule zu Ihnen nach Hause!

In meinem vorliegenden Buch, das ich als Standardwerk begreife, finden Sie eine schöne und vielfältige Auswahl meiner besten Kreationen mit übersichtlichen Step-by-Step-Anleitungen. Das Buch umfasst ein Rezeptrepertoire von einfach bis höchst anspruchsvoll. Ich bin überzeugt, dass es Ihnen dadurch ein zuverlässiger Begleiter für alle Anlässe im ganzen Jahr sein wird.

Damit Ihnen die Rezepte auch perfekt gelingen, ist es wichtig, dass die Mengenangaben und Maße korrekt eingehalten und nur Zutaten bester Qualität verwendet werden. (Meine Kursteilnehmer werden jetzt sicher schmunzeln.) Ich hoffe, dass auch Sie sich in die tollen Desserts und Torten verlieben werden und Sie damit bei Ihrer nächsten Kaffeetafel Ihre Freunde und Familie mächtig beeindrucken.

Nun wünsche ich Ihnen ganz viel Spaß beim Nachbacken und genüssliche Stunden mit dem »Sweet Way of Life«.

Ihre Beate Wöllstein

GRUNDKURS

1 TEIGE

2 BAISER UND CREMES

3 SAUCEN, KARAMELL

UND SCHOKOLADE

Liebe Leserinnen und Leser,

in diesem ersten Kapitel »Grundkurs«, das Sie durch die Welt der Teige, Massen, Cremes und Schokolade führt, erhalten Sie detaillierte Step-by-Step-Anleitungen nebst wichtigen Tipps und Tricks. Wer leidenschaftlich gern backt, weiß, wie wichtig die Grundlagen des Backens sind, denn sie kommen in vielen Bereichen der Patisserie und Konditorei vor. Gelingen die Basics, ist der Anfang Ihrer Traumtorte schon geschafft. Hier finden Sie viele hilfreiche Antworten auf oft gestellte Fragen.

Ich wünsche Ihnen viel Vergnügen!

1 Spritzbeutel

2 Teigschaber

3 Spritztüllen (Lochtülle und Sterntülle)

4 Rollholz

5 Backrahmen (80 x 40 cm)

6 Rührschüssel

7 Schneebesen

8 Backförmchen für Kugelbrioche

9 Cup-Cake-Manschetten aus Papier

10 Backrahmen (30 x 40 cm)

11 Trommelsieb

12 Backpinsel

13 Tarteringe (8 cm Durchmesser)

14 Abtropfgitter

15 Backring (18 cm Durchmesser)

16 Kochlöffel

17 Dessertringe (6 cm Durchmesser)

18 Großer Savarinring

19 Silikonmatte von Demarle zum Backen, Ausrollen, Einfrieren und für Macarons

20 Silikonbackmatten (Halbkugel)

21 Silikonbackmatte von Demarle (Savarinring)

22 kleine und große Winkelpalette

23 Kuchenpalette

24 Hackmesser

25 Sägemesser

26 Küchenmesser

27 Gummischaber

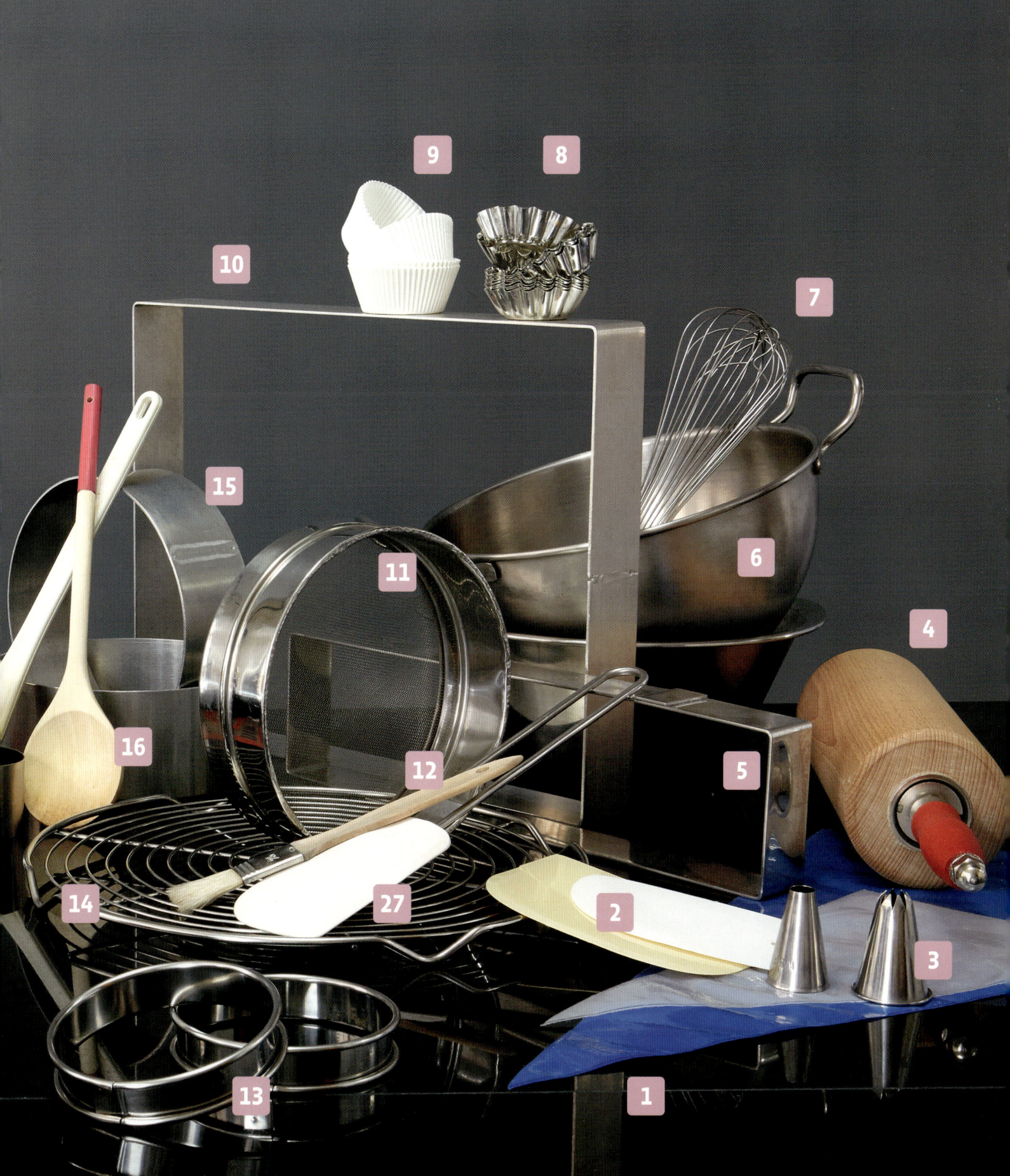

1 KitchenAid Artisan

2 Bunsenbrenner

3 Kenwood Handrührgerät

4 ISI Espuma-Siphon

5 Pürierstab (Stabmixer)

6 Knethaken der Küchenmaschine

7 Rührschüssel

8 Schneebesen der Küchenmaschine

9 Flachrührer (damit werden Streusel hergestellt)

 **TEIGE**

Teige sind der allerwichtigste Grundbaustein für Torten und Törtchen, Gebäcke und Desserts. Mürbeteig, Blätterteig, Biskuit und Co. halten unsere Backwerke zusammen oder bilden die Grundlage für zauberhafte Kunstwerke. Aus jedem der hier vorgestellten Teige können Sie unzählige Abwandlungen und Geschmacksrichtungen kreieren, z. B. indem Sie den Teig mit Vanille, Schokolade oder Nüssen veredeln.

ERGIBT
1800 G TEIG
Zubereitung:
30 Minuten
plus 1 ½–2 Stunden
zum Gehen
Backzeit:
je nach Rezept
Backtemperatur:
je nach Rezept

450 g Vollmilch
50 g frische Hefe
1 kg Mehl (Type 405), mehr nach Bedarf
60 g Eigelb
120 g Zucker
16 g Salz
2 TL Abrieb von 1 unbehandelten Zitrone
Mark von 1 Vanilleschote
140 g zimmerwarme Süßrahmbutter

1 **2** In einem Topf die Milch auf 38 °C erwärmen (siehe Hinweis Seite 18), dann die Hefe hineinbröckeln und darin unter Rühren auflösen.

3 **4** Das Mehl in die Rührschüssel der Küchenmaschine geben und in die Mitte eine Mulde drücken. Die aufgeschlämmte Milch-Hefe-Mischung hineingießen und mit etwas Mehl vom Rand bedecken. Das Eigelb, den Zucker, das Salz, den Zitronenabrieb und das Vanillemark dazugeben und grob untermischen. Die weiche Butter in kleinen Würfeln dazugeben.

Alles in der Küchenmaschine mit dem Knethaken bei mittlerer Geschwindigkeit in etwa 15 Minuten zu einem geschmeidigen Teig verkneten. Der Teig ist fertig, wenn er eine glatte Konsistenz hat, glänzt und nicht mehr klebrig ist. Sollte er kleben, noch etwas Mehl dazugeben und unterkneten.

5 Den Teig zu einer Kugel formen und in eine Schüssel legen. Mit einem feuchten Tuch bedecken und den Teig bei Zimmertemperatur 1 ½–2 Stunden gehen lassen, bis sich sein Volumen verdoppelt hat.

Anschließend den Teig auf eine bemehlte Arbeitsfläche oder eine Backmatte legen und die Luft mit den Händen wieder herauskneten. Danach den Teig je nach Rezept weiterverarbeiten.

Für Blechkuchen, Bienenstich, Plundergebäck, Hefezöpfe, Krapfen und Fettgebäck

Schwerer Hefeteig (Indirekte Führung mit Vorteig)

ERGIBT
890 G TEIG
Zubereitung:
30 Minuten
plus 2 ½–3 Stunden
zum Gehen
Backzeit:
je nach Rezept
Backtemperatur:
je nach Rezept

Für den Vorteig
100 g Mehl (Type 405)
105 g Vollmilch
30 g frische Hefe

Für den Hefeteig
320 g Mehl (Type 405),
    mehr zum Verarbeiten
60 g Zucker
2 g Salz
50 g Vollei
4 g Abrieb von 1 unbehandelten
    Zitrone
Mark von 2 Vanilleschoten
225 g zimmerwarme Süßrahmbutter

1 Für den Vorteig das Mehl in die Rührschüssel der Küchenmaschine geben und in die Mitte eine Mulde drücken. In einem Topf die Milch lauwarm erwärmen (etwa 38 °C; siehe Hinweis), dann die Hefe hineinbröckeln und darin unter Rühren auflösen.

2 **3** Die aufgeschlämmte Milch-Hefe-Mischung in die Vertiefung im Mehl gießen und alles mit einem Spatel kurz vermengen. Die Schüssel mit einem feuchten Tuch bedecken und den Vorteig bei Zimmertemperatur für etwa 1 Stunde gehen lassen, bis sich sein Volumen verdoppelt hat.

4 Anschließend alle weiteren Zutaten für den Hefeteig zum Vorteig in die Schüssel geben, dabei die weiche Butter in kleinen Würfeln hinzufügen.

5 Alles in der Küchenmaschine bei mittlerer Geschwindigkeit in etwa 15 Minuten zu einem geschmeidigen Teig verkneten. Der Teig ist fertig, wenn er eine glatte Konsistenz hat, glänzt und nicht mehr klebrig ist. Sollte er kleben, noch etwas Mehl dazugeben und unterkneten.

6 Den Teig zu einer Kugel formen und in eine Schüssel legen. Mit einem feuchten Tuch bedecken und den Teig für 1 ½–2 Stunden bei Zimmertemperatur gehen lassen, bis sich sein Volumen verdoppelt hat. Anschließend den Teig auf eine bemehlte Arbeitsfläche oder eine Backmatte legen und die Luft mit den Händen wieder herauskneten. Danach den Teig je nach Rezept weiterverarbeiten.

Hinweis: Die Hefe darf nur in lauwarmer Flüssigkeit aufgelöst (»aufgeschlämmt«) werden. Ist die Flüssigkeit zu heiß (ab 55 °C), »verbrennt« die Hefe und der Teig kann nicht richtig aufgehen.

Für schwere Stollen, Brioche, Savarins

Französischer Briocheteig (Hefeteig ohne Ansatz)

ERGIBT
830 G TEIG
(AUSREICHEND
FÜR ETWA 18 KU-
GELBRIOCHES,
SIEHE SEITE 198)
Zubereitung:
etwa 30 Minuten
plus 1 ½–2 Stunden
zum Gehen
und 20 Minuten
zum Kühlen
Backzeit:
je nach Rezept
Backtemperatur:
je nach Rezept

370 g Mehl (Type 550), mehr zum Verarbeiten
20 g frische Hefe
8 g Salz
40 g Zucker
200 g Vollei
200 g zimmerwarme Süßrahmbutter

1 **2** Das Mehl in die Rührschüssel der Küchenmaschine geben. Die Hefe dazubröckeln und mit dem Mehl vermischen. Erst das Salz, den Zucker und die Eier hinzufügen, dann die weiche Butter in kleinen Würfeln dazugeben und alles in der Küchenmaschine mit dem Knethaken bei mittlerer Geschwindigkeit in etwa 15 Minuten zu einem geschmeidigen Teig verkneten. Der Teig ist fertig, wenn er schön glänzt und sich leicht vom Schüsselrand löst.

Den Teig zu einer Kugel formen und in eine Schüssel legen. Mit einem feuchten Tuch bedecken und den Teig 1 ½–2 Stunden bei Zimmertemperatur gehen lassen, bis sich sein Volumen verdoppelt hat.

3 Anschließend den Teig auf eine bemehlte Arbeitsfläche oder eine Backmatte geben und die Luft mit den Händen herauskneten. Danach den Teig je nach Rezept weiterverarbeiten.

Tipp: Briocheteig sollte nach dem Gehen mindestens 20 Minuten gut gekühlt werden. Dazu den Teig in Frischhaltefolie wickeln und in das Tiefkühlgerät geben. So wird die Hefe gestoppt und der Teig geht beim Verarbeiten nicht weiter auf.

Für viele Briochegebäckarten oder einen Gugelhupf mit Früchten

Blindbacken

»Blindbacken« nennt man das Vorbacken eines Mürbeteiges in einem Back- oder Tartering mithilfe von Hülsenfrüchten oder Reis. Diese sorgen dafür, dass der Teigrand beim Backen nicht herunterrutscht, sondern in ursprünglicher Höhe erhalten bleibt.

Das Blindbacken mit Hülsenfrüchten ist unter Umständen etwas grob; Reis hat den Vorteil, dass er kleiner ist und sich besser an den Rand anschmiegt. Um den Reis nach dem Backen mühelos wieder aus der Mürbeteigschale entfernen zu können, ohne diese zu beschädigen, verpackt man ihn am besten in PVC-Folie (sie ist hitzebeständiger als herkömmliche Frischhaltefolie). Dazu einen gefetteten Backring mit Mürbeteig auslegen, einen Rand formen und den Ring großzügig mit Folie auslegen. Den Reis hineingeben und die Folie oben verschließen, sodass der Reis nicht herausrieseln kann.

Den Mürbeteig nun im vorgeheizten Ofen bei 200 °C Ober-/Unterhitze etwa 15 Minuten backen. Herausnehmen, das Reissäckchen entfernen und den Mürbeteig weitere 5 Minuten fertig backen. Danach die Mürbeteigschale je nach Rezept weiterverwenden für Obsttartelettes, Käsekuchen und vieles mehr.

**ERGIBT
550 G TEIG**

Zubereitung:
etwa 30 Minuten
plus 30 Minuten
zum Kühlen

Backzeit:
10 Minuten

Backtemperatur:
200 °C Ober-/Unter-
hitze

150 g zimmerwarme Süßrahmbutter	50 g Vollei
100 g Zucker	250 g Mehl (Type 405),
Mark von ½ Vanilleschote	mehr zum Verarbeiten

1 2 In einer Rührschüssel die weiche Butter, den Zucker und das Vanillemark mit den Händen verkneten. Die Eier dazugeben und weiter kneten, bis der Teig cremig wird.

3 4 Das Mehl erst zum Schluss dazugeben und nur so lange untermengen, bis es komplett eingearbeitet ist und der Teig eine feste Konsistenz hat. Wichtig ist dabei, den Teig nicht zu lange zu kneten, damit er nicht zäh wird.

5 6 Den Teig zusammenfassen, auf ein Stück Frischhaltefolie legen und zu einer 2–3 cm dicken Platte flach drücken. Diese fest in die Folie gewickelt für 30 Minuten im Kühlschrank ruhen lassen.

Vor der weiteren Verwendung den Mürbeteig mit den Händen nochmals kurz durcharbeiten, damit er geschmeidig und ausrollbar wird. Dann den Teig je nach Rezept auf leicht bemehlter Arbeitsfläche oder einer Backmatte rund oder eckig und 2–4 mm dick ausrollen, dabei ab und zu mit Mehl bestauben, damit er nicht am Rollholz oder der Arbeitsplatte anklebt.

Die weitere Verarbeitung hängt vom jeweiligen Rezept ab. Grundsätzlich muss Mürbeteig immer gekühlt verarbeitet werden; wird er zu warm, gibt man ihn erneut in den Kühlschrank. Gebacken wird Mürbeteig im vorgeheizten Backofen bei 200 °C etwa 10 Minuten, bis er eine goldgelbe Farbe bekommen hat.

Tipps: Der rohe Teig hält sich fest in Frischhaltefolie gewickelt im Kühlschrank etwa 2 Wochen.

Gebackener Mürbeteig weicht leicht durch. Sollen Tortelettes oder Schalen aus Mürbeteig mit Creme befüllt werden, bestreicht man den gebackenen Teig zunächst dünn mit flüssiger Schokolade, lässt sie trocknen und gibt dann erst die Füllung darauf.

Einen Tortenboden aus Mürbeteig bestreicht man mit Marmelade oder Konfitüre, damit eine Bindung zum aufliegenden Biskuit entsteht.

Für Tortenböden, Tartes, Tartelettes, Mürbeteigschalen, als Unterlage für Obstkuchen bzw. Blechkuchen mit Obst, Apfelkuchen, Käsekuchen und Schnitten

Schokoladenmürbeteig

**ERGIBT
625 G TEIG**
Zubereitung:
etwa 30 Minuten
plus 30 Minuten
zum Kühlen
Backzeit:
10 Minuten
Backtemperatur:
200 °C Ober-/Unter-
hitze

175 g zimmerwarme Süßrahmbutter
100 g Zucker
50 g Vollei
250 g Mehl (Type 405),
   mehr zum Verarbeiten
20 g Kakaopulver (z. B. Valrhona)

1 In einer Rührschüssel die weiche Butter und den Zucker mit den Händen verkneten. Die Eier dazugeben und weiter kneten, bis der Teig cremig wird.

2 Das Mehl mit dem Kakaopulver mischen und erst zum Schluss dazugeben. Nur so lange un-terarbeiten, bis die Mischung komplett eingearbeitet ist und der Teig eine feste Konsistenz hat. Wichtig ist dabei, den Teig nicht zu lange zu kneten, damit er nicht zäh wird.

3 Den Teig zusammenfassen, auf ein Stück Frischhaltefolie legen und zu einer 2–3 cm dicken Platte flach drücken. Diese fest in die Folie gewickelt für 30 Minuten im Kühlschrank ruhen lassen.

4 Vor der weiteren Verwendung den Mürbeteig mit den Händen nochmals kurz durcharbeiten, damit er geschmeidig und ausrollbar wird. Dann den Teig je nach Rezept auf leicht bemehlter Arbeitsfläche oder einer Backmatte rund oder eckig und 2–4 mm dick ausrollen, dabei ab und zu mit Mehl bestauben, damit er nicht am Rollholz oder der Arbeitsplatte anklebt.

Die weitere Verarbeitung hängt vom jeweiligen Rezept ab. Grundsätzlich muss Mürbeteig immer gekühlt verarbeitet werden; wird er zu warm, gibt man ihn erneut in den Kühl-schrank. Gebacken wird Mürbeteig im vorgeheizten Backofen bei 200 °C etwa 10 Minuten, bis er eine schöne Farbe bekommen hat.

Tipps: Siehe Vanillemürbeteig (Seite 22)

Für Tortenböden, Tartes, Tartelettes, Mürbeteigschalen, als Unterlage für Obstkuchen bzw. Blechkuchen mit Obst, Apfelkuchen, Käsekuchen und Schnitten

Vanillestreusel

ERGIBT 1000 G (AUSREICHEND FÜR 1–2 BLECH-KUCHEN)

Zubereitung:
20 Minuten

300 g zimmerwarme Süßrahmbutter
235 g Zucker
3 g Salz
Mark von ½ Vanilleschote
1 unbehandelte Zitrone
465 g Mehl (Type 405)

1 In einer Schüssel die Butter mit dem Zucker, dem Salz und dem Vanillemark cremig kneten.

2 Etwas Zitronenschale (1 TL) dazureiben.

3 **4** Das Mehl auf einmal dazugeben und alles so lange verkneten, bis ein bröseliger Teig entsteht. Den Teig zu Streuseln formen und bis zur Verwendung kühl stellen.

Tipp: Streusel sind vielseitig und können für Blechkuchen oder Crumbles verwendet werden. Man kann den Teig gut vorbereiten und einige Tage im Kühlschrank aufbewahren. Bereits gebackene Streusel kann man gut in ein Dessert einarbeiten.

**ERGIBT
1110 G TEIG**
Zubereitung:
etwa 1 Stunde plus
insgesamt 4 Stunden
zum Kühlen
Backzeit:
je nach Rezept
Backtemperatur:
je nach Rezept

150 g zimmerwarme Süßrahmbutter
500 g Mehl (Type 550),
   mehr zum Verarbeiten
10 g Salz

200 g lauwarmes Wasser (etwa 30 °C)
250 g kalte Süßrahmbutter
   für die Touren

1 Die 150 g Butter in Würfel schneiden und zusammen mit dem Mehl und dem Salz in die Küchenmaschine geben. Mit dem Knethaken erst langsam mischen, dann das lauwarme Wasser dazugeben und die Küchenmaschine auf mittlere Stufe stellen. Den Teig etwa 20 Minuten kneten, bis er glänzend, geschmeidig und weich ist. Anschließend herausnehmen, zu einer Kugel formen und in Frischhaltefolie gewickelt für mindestens 1 Stunde im Kühlschrank ruhen lassen.

2 **3** In der Zwischenzeit das Butterstück für die Touren zwischen zwei Lagen Frischhaltefolie mit dem Rollholz zu einer Platte von 15 x 20 cm ausrollen. Mitsamt der Folie in den Kühlschrank legen, bis die Butter wieder fest ist.

4 **5** **6** **7** **8** Für das Tourieren muss der Teig gut durchgekühlt sein. Die Teigkugel aus dem Kühlschrank nehmen, auf eine Backmatte legen, mit etwas Mehl bestauben und mit dem Rollholz zu einem Rechteck (22 x 32 cm) ausrollen. Die kalte, ausgerollte Butterplatte aus dem Kühlschrank nehmen (die Folie entfernen), auf die linke Hälfte der Teigplatte legen und mit der anderen Teighälfte verschließen. Die Teigenden andrücken, sodass die Butterplatte vollständig vom Teig umhüllt ist.

9 **10** **11** **12** Nun das Teigpäckchen auf der Backmatte zu einem 22 x 50 cm großen Rechteck ausrollen. Dabei den Teig immer wieder um 90 °C drehen, zwischendurch fein mit Mehl bestauben und mehrfach wenden, damit er nicht an der Matte festklebt. Das überschüssige Mehl vom Teig kehren und den Teig dreifach übereinander schlagen. Den gefalteten Teig mit der ersten Tour für 30 Minuten im Kühlschrank ruhen lassen. Diesen Vorgang – ausrollen, dreifach falten, ruhen lassen – noch weitere vier Mal wiederholen.

Den Teig nach der letzten Tour nochmals 30 Minuten im Kühlschrank ruhen lassen, dann je nach Rezept weiterverarbeiten.

Tipp: Der Teig kann gut vorbereitet und in Frischhaltefolie verpackt bis zu 4 Wochen im Tiefkühlgerät aufbewahrt werden.

Für Blätterteig-Frühstücksgebäck, Quiches, Millefeuilles, Käsegebäck

**ERGIBT
2 PORTIONEN
TEIG À 900 G
(AUSREICHEND
FÜR ETWA
30 CRONUTS)**

Zubereitung:
etwa 2 Stunden plus
2 Stunden zum
Gehen und jeweils
30 Minuten zum
Kühlen zwischen
den Touren

Backzeit:
je nach Rezept

Backtemperatur:
je nach Rezept

Für den Grundteig

1 kg Mehl (Type 550),
  mehr zum Verarbeiten
60 g frische Hefe
25 g Salz
120 g Zucker
480 g lauwarmes Wasser (30 °C)
200 g zimmerwarme Süßrahmbutter

Zum Tourieren

2 x 250 g kalte Süßrahmbutter
  am Stück

1 **2** **3** **4** Für den Cronut-Grundteig das Mehl in die Rührschüssel der Küchenmaschine geben. Die Hefe dazubröckeln und mit dem Mehl vermischen. Das Salz, den Zucker und das lauwarme Wasser hinzufügen. Die weiche Butter in Stückchen dazugeben. Den Teig für etwa 15 Minuten in der Küchenmaschine auf höchster Stufe kneten.

5 **6** Den Teig auf leicht bemehlter Arbeitsfläche gut durchkneten, zu einer Kugel formen und in eine Schüssel legen. Mit einem feuchten Tuch bedecken und im Raum bei 25 °C etwa 2 Stunden gehen lassen, bis sich sein Volumen verdoppelt hat.

7 Dann den Teig auf eine bemehlte Arbeitsfläche oder Backmatte legen und mit den flachen Händen daraufdrücken, um möglichst viel Luft herauszupressen.

8 Anschließend den Teig zu einem 2 cm dicken Rechteck flach drücken und dieses quer halbieren. Die beiden Teigplatten auf ein Backblech mit Backmatte legen und im Tiefkühlgerät bei -18 °C für etwa 20 Minuten kühlen. Die Teigplatten wenden und weitere 20 Minuten kühlen.

Für das Tourieren in der Zwischenzeit die beiden Butterstücke für die Touren bei Zimmertemperatur etwa 30 Minuten ruhen lassen, bis sie 10 °C erreichen. Jedes Butterstück zwischen zwei Lagen Frischhaltefolie legen und mit dem Rollholz zu einem 15 x 20 cm großen Rechteck ausrollen. Die ausgerollte Butter bis zur weiteren Verarbeitung in den Kühlschrank legen (siehe Tipp).

9 Die beiden Teigplatten aus dem Tiefkühlgerät nehmen und mit dem Rollholz jeweils auf etwas mehr als die doppelte Größe der Butterrechtecke ausrollen. Mit den beiden Teig- und Butterplatten jeweils wie folgt verfahren: Eine Butterplatte auf eine Hälfte eines Teigrechtecks legen und die andere Teighälfte darüberklappen, sodass die Butter vollständig einge-

Für die erste »einfache Tour« den Teig zu einem 22 x 32 cm großen und etwa 6 mm dicken Rechteck ausrollen. Dieses von der Schmalseite her so falten, dass drei Lagen übereinander liegen. Den Teig zurück in den Kühlschrank legen und 30 Minuten ruhen lassen.

10 **11** **12** Danach den Teig erneut wie beschrieben ausrollen. Für die nun folgende »doppelte Tour« wird der Teig zu insgesamt vier Lagen gefaltet. Dazu den Teig wieder von der Schmalseite her ein Stück einschlagen. Von der gegenüberliegenden Seite aus den Teig ebenfalls einschlagen, sodass die beiden Teigkanten aneinanderstoßen. Nun den Teig noch einmal in der Mitte falten. Den vierfach gefalteten Teig für 30 Minuten im Kühlschrank ruhen lassen.

Anschließend erneut wie beschrieben eine einfache sowie eine doppelte Tour durchführen. Vor dem Weiterverarbeiten den Teig weitere 30 Minuten im Kühlschrank ruhen lassen.

Tipps: Die Butter darf nicht zu kalt in den Teig eingelegt werden, sonst reißt sie während des Tourierens auf. Am besten nimmt man sie aus dem Kühlschrank, sobald man den Grundteig ausrollt. So können Butter und Teig sich in der Temperatur angleichen.

Der Teig kann länger als angegeben im Kühlschrank ruhen, aber nicht kürzer, und er sollte unbedingt an einem Tag fertig touriert werden.

Info: Als »Tour« bezeichnet man das Ausrollen eines Teiges, in den ein Stück Butter eingeschlossen ist. Dabei wird der Teig nach jedem Ausrollen drei- oder vierfach übereinander geschlagen. So werden die Schichten bei jeder Tour vervielfacht und der Teig wird immer blättriger.

Für Cronuts, Plundergebäck (z. B. Croissantecken mit Aprikosen; siehe Seite 201)

Helle Biskuitroulade

ERGIBT 1 BISKUIT
Zubereitung:
etwa 45 Minuten
Backzeit:
7–8 Minuten
Backtemperatur:
230 °C Ober-/Unter-
hitze

80 g Mehl (Type 405)
20 g Speisestärke
160 g Eigelb
20 g plus 80 g Zucker,
    mehr zum Bestreuen
1 Msp. Salz
120 g Eiweiß

Das Mehl mit der Speisestärke mischen, in eine Schüssel sieben und beiseitestellen. In einer Rührschüssel das Eigelb mit 20 g Zucker und dem Salz mit dem Handrührgerät schaumig rühren. In einer weiteren Schüssel das Eiweiß mit dem restlichen Zucker (80 g) mit dem Handrührgerät steif schlagen. Den Eischnee mit einem Gummischaber vorsichtig in die Eigelbmasse rühren. Zum Schluss die Mehlmischung dazugeben und ebenfalls unterheben.

1 **2** Ein Backblech mit einer Backmatte oder mit Backpapier belegen. Den Teig daraufgeben und mit einer Winkelpalette 1–2 cm dick verstreichen (siehe Tipp). Im vorgeheizten Ofen bei 230 °C in 7–8 Minuten goldgelb backen.

3 Den fertig gebackenen Biskuit herausnehmen und mit etwas Zucker bestreuen. Eine Lage Backpapier auflegen, den Biskuit wenden und seitenverkehrt auskühlen lassen. Die nun oben liegende Backmatte bzw. das Backpapier abnehmen.

4 **5** **6** Den Biskuit mithilfe des Backpapiers von der Längsseite her aufrollen. Dann auskühlen lassen. So kann die Roulade bis zur Weiterverarbeitung eingefroren werden.

Tipp: Verstreichen Sie den Teig so gleichmäßig wie möglich auf dem Blech, denn dünnere Stellen würden beim Backen austrocknen und brüchig werden. Nur ein gleichmäßiger Biskuit kann später zu einer perfekten Roulade gerollt werden.

Für Sahnerouladen, Eisbomben, Charlotten, Torten, Cremeschnitten

ERGIBT 1 BISKUIT
Zubereitung:
etwa 45 Minuten
Backzeit:
7–8 Minuten
Backtemperatur:
230 °C Ober-/Unter-
hitze

115 g Mehl (Type 405)
32 g Kakaopulver (z. B. Valrhona)
250 g Vollei
155 g Zucker, mehr zum Bestreuen
42 g Süßrahmbutter, zerlassen

1 Das Mehl und das Kakaopulver sieben und beiseitestellen.

2 In einer Rührschüssel mit dem Handrührgerät die Eier mit dem Zucker aufschlagen, bis die Masse ihr Volumen annähernd verdoppelt hat.

3 Behutsam mit einem Gummischaber die Mehl-Kakao-Mischung unterheben. Die flüssige Butter vorsichtig einrühren. Mit dem Gummischaber kontrollieren, dass sich keine Butter am Schüsselboden abgesetzt hat.

4 Ein Backblech mit einer Backmatte oder mit Backpapier belegen. Den Teig daraufgeben und mit einer Winkelpalette 1–2 cm dick verstreichen (siehe Tipp Seite 34). Im vorgeheizten Ofen bei 230 °C in 7–8 Minuten hellbraun backen.

5 **6** Den fertig gebackenen Biskuit herausnehmen und mit etwas Zucker bestreuen. Eine Lage Backpapier auflegen, den Biskuit wenden und seitenverkehrt auskühlen lassen. Die nun obenliegende Backmatte bzw. das Backpapier abnehmen. Dann den Biskuit wie im Bild auf Seite 35 mithilfe des Backpapiers von der Längsseite her aufrollen und auskühlen lassen.

Für Sahnerouladen, Eisbomben, Charlotten, Torten, Cremeschnitten

Backring mit Backpapier einschlagen

In der Profi-Backstube werden meist feste Backringe ohne Boden zur Herstellung von Tortenböden und zum Tortenaufbau verwendet. Möchte man einen Biskuitboden oder anderen Kuchenboden backen, ist es daher notwendig, den Backring in Backpapier einzuschlagen.

1 **2** Dazu eine Lage Backpapier so großzügig zuschneiden, dass der Backring rundum gut damit umwickelt werden kann. Den Backring mittig auf das Backpapier setzen und an einer Seite an den Backring falten.

3 **4** **5** **6** Das Papier mit der linken Hand am Ring festhalten und mit der rechten Hand sorgfältig um den Ring herumfalten, sodass eine gewisse Spannung entsteht. Das Ende ganz eng an den Ring drücken und diesen auf ein Backblech stellen. Nun kann man den Teig problemlos in den Ring füllen und backen, ohne dass etwas herausläuft.

Erst wenn der Kuchenboden ausgekühlt ist, löst man ihn aus dem Ring. Dazu den Boden vorsichtig umdrehen, das Backpapier entfernen und mit einem glatten Küchenmesser langsam zwischen Biskuit und Ring entlangschneiden. Dabei behutsam vorgehen, um nicht abzurutschen und versehentlich ein Stück vom Kuchenboden abzutrennen.

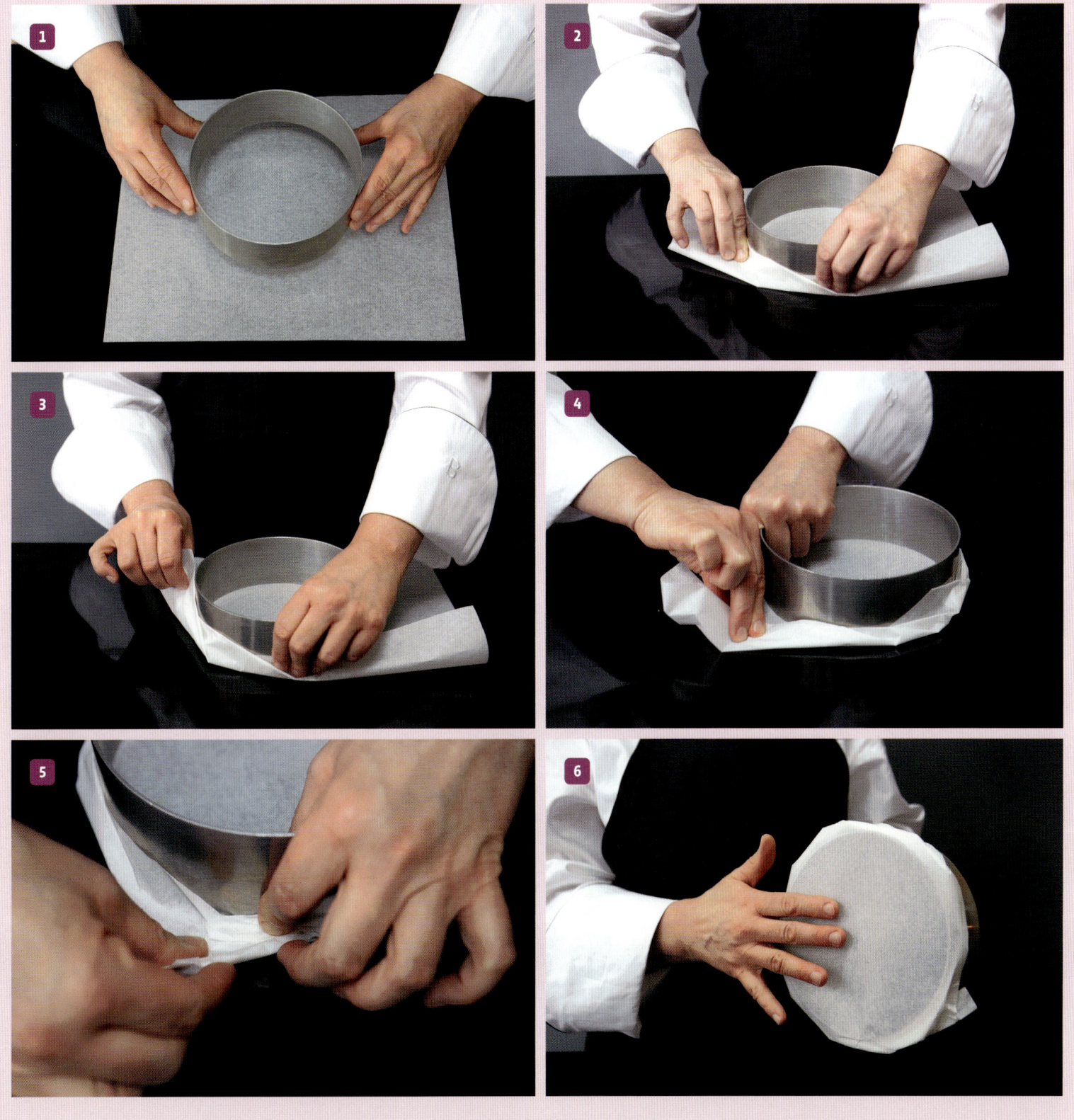

ERGIBT 1 BISKUIT

Zubereitung:
1 Stunde

Backzeit:
30–40 Minuten

Backtemperatur:
190 °C Ober-/Unter-
hitze

Backring mit 18 cm Ø

250 g Vollei
40 g Eigelb
150 g Zucker
½ TL Abrieb von 1 unbehandelten
    Zitrone
150 g Mehl (Type 405)
30 g Speisestärke
90 g Süßrahmbutter, zerlassen

1 In einer Metallschüssel auf dem Wasserbad die Eier, das Eigelb, den Zucker und den Zitronenabrieb mit einem Schneebesen aufschlagen, bis die Masse eine Temperatur von etwa
40 °C erreicht.

2 **3** Vom Wasserbad nehmen und mit dem Handrührgerät oder einer Küchenmaschine
schlagen, bis die Eiermasse abgekühlt ist und zu einer hellen, festen Creme wird.

4 Das Mehl mit der Speisestärke mischen und sieben, dann behutsam mit einem Gummispatel unter die Eiermasse rühren. Anschließend die flüssige Butter in dünnem Strahl einlaufen lassen und vorsichtig einrühren.

Den Backring in Backpapier einschlagen (siehe Seite 38; den Backring nicht fetten) und auf
ein Backblech setzen. Den Teig einfüllen und im vorgeheizten Ofen bei 190 °C in 30–40 Minuten goldgelb backen. Der Biskuit ist fertig, wenn er beim Daraufdrücken wie ein Schwamm
zurückfedert.

5 **6** Den fertig gebackenen Biskuit herausnehmen und im Ring auskühlen lassen. Dann mit
einem glatten Messer vorsichtig aus dem Ring lösen (siehe Seite 38) und mit einem langen
Messer waagerecht halbieren, sodass zwei Böden entstehen.

Tipp: Der gebackene Biskuitboden kann nach dem Auskühlen fest in Frischhaltefolie gewickelt für bis zu 4 Wochen eingefroren werden. Man sollte ihn 1–2 Stunden vor der weiteren

Schokoladenbiskuit

ERGIBT 1 BISKUIT
Zubereitung:
1 Stunde
Backzeit:
30–40 Minuten
Backtemperatur:
190 °C Ober-/Unter-
hitze
Backring mit 18 cm Ø

300 g Vollei
250 g Zucker
150 g Mehl (Type 405)
50 g Speisestärke
50 g Kakaopulver (z. B. Valrhona)
60 g Süßrahmbutter, zerlassen

1 In einer Metallschüssel auf dem Wasserbad die Eier und den Zucker mit einem Schneebesen aufschlagen, bis die Masse eine Temperatur von etwa 40 °C erreicht. Dann vom Wasserbad nehmen und mit dem Handrührgerät oder einer Küchenmaschine schlagen, bis die Masse abgekühlt ist und zu einer hellen, festen Creme wird.

Das Mehl mit der Speisestärke und dem Kakaopulver mischen und in eine Schüssel sieben, dann behutsam mit einem Gummispatel unter die Ei-Zucker-Mischung heben. Anschließend die flüssige Butter in dünnem Strahl einlaufen lassen und vorsichtig einrühren.

Den Backring in Backpapier einschlagen (siehe Seite 38; nicht fetten) und auf ein Backblech setzen. Den Teig einfüllen und im vorgeheizten Ofen bei 190 °C 30–40 Minuten backen (Garprobe siehe Tipp).

2 Den fertig gebackenen Biskuit herausnehmen und im Ring auskühlen lassen. Dann auf eine Kuchenplatte stürzen und das Backpapier abziehen.

3 **4** Den Kuchen vorsichtig mit einem glatten Messer aus dem Ring lösen (siehe Seite 38) und mit einem langen Messer waagerecht halbieren, sodass zwei Böden entstehen.

Tipp: Zur Garprobe mit dem Finger die Oberfläche des Biskuits leicht eindrücken. Er ist fertig gebacken, wenn der Teig wie bei einem Schwamm wieder nach oben federt. Bleibt der Fingerabdruck sichtbar, den Biskuit noch ein paar Minuten weiterbacken.

Für Torten

ERGIBT 1 BISKUIT

Zubereitung:
etwa 40 Minuten

Backzeit:
45–50 Minuten

Backtemperatur:
180 °C Ober-/Unter-
hitze

Backring mit 18 cm Ø
und 6 cm Randhöhe

200 g Mehl (Type 405)
6 g Backpulver
200 g zimmerwarme Süßrahmbutter
200 g Zucker
3 g Abrieb von 1 unbehandelten
   Zitrone
200 g zimmerwarmes Vollei

1 **2** Das Mehl mit dem Backpulver mischen und sieben. In einer Rührschüssel die Butter, den Zucker und den Zitronenabrieb mit dem Handrührgerät schaumig rühren. Die Eier nach und nach dazugeben und so lange rühren, bis die Masse luftig und fluffig ist.

3 **4** Die Mehl-Backpulver-Mischung hinzufügen und nur kurz unter die Butter-Eier-Masse mischen, bis das Mehl nicht mehr sichtbar und die Masse homogen ist.

5 **6** Den Backring in Backpapier einschlagen (siehe Seite 38; nicht fetten) und auf ein Back-blech setzen. Den Teig einfüllen und mit einer Palette glatt streichen. Im vorgeheizten Ofen bei 180 °C in 40–50 Minuten goldgelb backen. Anschließend herausnehmen und im Ring ab-kühlen lassen.

Den abgekühlten Kuchen auf eine Kuchenplatte stürzen, das Backpapier abziehen und den Kuchen mit einem glatten Messer vorsichtig aus dem Ring lösen (siehe Seite 38). Dann mit einem scharfen Sägemesser waagerecht halbieren, sodass zwei Böden entstehen.

Tipps: Eier und Butter müssen bei der Zubereitung des Teiges die gleiche (zimmerwarme) Temperatur haben, damit sie sich zu einer homogenen Masse aufschlagen lassen.

Backen Sie den Biskuit am besten schon einen Tag vor der Weiterverarbeitung, damit er schön stabil ist!

Brandteig

**ERGIBT
830 G TEIG
(AUSREICHEND
FÜR ETWA 15–20
WINDBEUTEL,
ETWA 80 PROFI-
TEROLES O.Ä.)**
Zubereitung:
2 Stunden
Backzeit:
15–20 Minuten
Backtemperatur:
220 °C Ober-/Unter-
hitze

250 g Vollmilch (siehe Tipp)
1 g Salz
5 g Zucker

125 g Süßrahmbutter
200 g Mehl (Type 405)
5–6 Eier

1 Die Milch in einen Topf geben. Das Salz, den Zucker und die Butter hinzufügen. Die Milchmischung unter Rühren kurz aufkochen lassen.

2 3 4 Das Mehl in einem Schwung hinzufügen und so lange mit einem Kochlöffel rühren, bis sich die Masse vom Topfrand löst und am Topfboden eine weiße Schicht entsteht. Man nennt diesen Vorgang auch »abbrennen« oder »abbrühen« (siehe Seite 311).

5 6 Die Masse in eine Rührschüssel geben und mit den Knethaken des Handrührgeräts auf niedrigster Stufe rühren, bis sie abgekühlt ist. Nach und nach fünf Eier dazugeben und unterrühren. Der Teig sollte nun zäh vom Löffel fallen, glänzen und spritzfähig sein. Ist er zu fest, noch ein weiteres Ei dazugeben. Ist er zu weich, ist der Teig für Brandgebäck unbrauchbar und man muss von vorn beginnen. (Man kann aber den zu weichen Teig mit dem neuen, festeren Teig mischen und verwenden.)

Ein Backblech mit einer Backmatte oder mit Backpapier belegen. Für Windbeutel den Teig in einen Spritzbeutel mit Sterntülle geben, dann Rosetten auf das Blech aufspritzen. Für Éclairs oder Profiteroles eine Lochtülle verwenden und Stangen bzw. Tupfen auf das Blech spritzen. Das Backblech in den auf 220 °C vorgeheizten Ofen schieben, eine Espressotasse mit Wasser auf den Boden des Ofens stellen und die Ofentür sofort schließen. Das Gebäck in 15–20 Minuten goldgelb backen, währenddessen die Backofentür nicht öffnen. Erst wenn das Gebäck eine Kruste bekommen hat, darf der Ofen wieder geöffnet werden, ansonsten fällt es beim Herausnehmen in sich zusammen. Abkühlen lassen, anschließend je nach Rezept füllen und dekorieren.

Tipps: Wird die Milch anteilig oder ganz durch Wasser ersetzt, wird der Teig knuspriger. Dies hängt mit dem Fettgehalt der Milch zusammen.

Als Füllung für Brandteiggebäck eignen sich Schlagsahne, Früchte, Kompott, Creme Chiboust (französische Vanillecreme) oder eine Creme von den Seiten 52–57.

Ungefüllte Windbeutel, Éclairs, Profiteroles und weiteres Brandteiggebäck können problemlos für 4 Wochen eingefroren werden.

Für Windbeutel, Éclairs, Profiteroles, St.-Honoré-Torte, Windbeutelschwäne, Croquem-

2 BAISER UND CREMES

Cremes sind das »A und O« der feinen Patisserie. Hier kommt es auf die richtige Konsistenz und eine verlässliche Rezeptur an, damit die Creme auch gelingt. Viele der nachfolgenden Rezepte begleiten mich schon seit vielen Jahren und finden sich in einer Vielzahl von feinen Gebäcken und Desserts wieder. Wie koche ich eine Creme? Wie verhindere ich, dass eine Haut entsteht? Wie wird die Creme gelagert? Wie lange muss ein Baiser trocknen? All das erfahren Sie hier in diesem Kapitel.

Baiser

**ERGIBT ETWA
15 NOCKEN,
60 BAISERTUP-
FEN ODER 2–3
BAISERHALB-
SCHALEN (SIEHE
SEITE 154)**
Zubereitung:
etwa 1 Stunde
Backzeit:
1 Stunde plus Trock-
nen über Nacht
Backtemperatur:
100 °C Ober-/

Unterhitze

125 g Puderzucker
50 g + 45 g Eiweiß
100 g Zucker
fliederfarbene Lebensmittelfarbe (Pulver oder Paste; nach Belieben)

1 **2** **3**
Den Puderzucker sieben. In einer fettfreien Rührschüssel mit dem Handrührgerät die erste Portion Eiweiß (50 g) mit etwas Zucker aufschlagen. Den restlichen Zucker nach und nach unter Rühren dazugeben, bis das Eiweiß steif geschlagen ist.

4 **5** **6**
Nach Belieben etwas Lebensmittelfarbe (sparsam verwenden!) hinzufügen und rühren, bis die Masse sehr steif ist. Den Puderzucker in einem Schwung hinzufügen und unterheben.

7 **8**
Nun die zweite Portion Eiweiß (45 g) dazugeben und so lange schlagen, bis die Masse eine feste Konsistenz hat.

9
Ein Backblech mit Backpapier belegen und zwei bis drei Kreise mit 16 cm Ø aufzeichnen.

Die Baisermasse mit einem Teigschaber in einen Spritzbeutel mit Lochtülle (Nr. 10; 1 cm Ø) füllen und spiralförmig auf die vorgezeichneten Kreise aufspritzen. Jeweils auf den äußersten Ring noch einige weitere Ringe aufsetzen, sodass »Baiserhalbschalen« entstehen.

Die Baisers im vorgeheizten Ofen bei 100 °C etwa 1 Stunde backen. Anschließend den Backofen ausschalten und die Ofentür einen Spalt öffnen. Die Baisers über Nacht im Backofen trocknen lassen.

Tipp: Luftdicht aufbewahrt sind die Baisers ein paar Wochen haltbar.

Für Torten oder Desserts, als Gebäck

Crème pâtissière (Konditorcreme)

ERGIBT ETWA 650 G
Zubereitung: etwa 30 Minuten

80 g Eigelb
100 g Zucker
500 g kalte Vollmilch
20 g Mehl (Type 405)
20 g Speisestärke
½ Vanilleschote

1 In einer Schüssel das Eigelb und den Zucker mit einem Schneebesen cremig rühren. Dann 50 g der kalten Milch dazugeben und untermischen.

2 Das Mehl und die Speisestärke in eine Schüssel sieben. Anschließend vorsichtig in die Eigelbmasse rühren, sodass keine Klümpchen entstehen.

3 **4** Die restliche Milch in einen kleinen Topf geben. Mit einem kleinen Messer das Mark aus der halben Vanilleschote herausschaben, Mark und Schote zur Milch hinzufügen und kurz aufkochen. Sobald die Milch kocht, den Topf vom Herd nehmen und etwas von der heißen Milch in die Eigelbmasse rühren.

5 **6** Die Eigelbmasse zur verbliebenen Milch in den Topf geben und den Topf wieder auf den Herd stellen. Die Masse so lange rühren, bis die Creme aufkocht, Blasen schlägt und andickt. Dann den Topf vom Herd nehmen und noch etwas weiterrühren, da der Topfboden nachheizt und die Creme dadurch auch anschließend noch verbrennen kann. Die Creme sollte reißend vom Schneebesen fallen.

Die Creme in einen flachen, hitzebeständigen Behälter geben (die Vanilleschote dabei entfernen) und sofort mit Frischhaltefolie unmittelbar auf der Cremeoberfläche luftdicht abdecken, damit sich keine Haut bildet. Bis zur weiteren Verwendung kühl stellen.

Tipp: Die Crème pâtissière ist mit Frischhaltefolie bedeckt in einem verschlossenen Behälter im Kühlschrank bis zu 1 Woche haltbar. Sie kann nicht eingefroren werden.

Für Torten, Törtchen, Plundergebäck, Obstkuchen, Desserts

Deutsche Buttercreme

**ERGIBT ETWA
1 KG**
Zubereitung:
etwa 40 Minuten
plus 1–2 Stunden
zum Abkühlen

60 g Eigelb	500 g kalte Vollmilch
140 g Zucker	1 Vanilleschote
40 g Speisestärke	350 g zimmerwarme Süßrahmbutter

1 **2** In einer Rührschüssel mit dem Schneebesen das Eigelb mit dem Zucker cremig rühren. Die Speisestärke (sie muss nicht gesiebt werden) mit 50 g von der kalten Milch glatt rühren, dann in die Eigelbmasse rühren – so entstehen keine Klümpchen.

Die restliche Milch in einen Topf geben. Die Vanilleschote längs aufschlitzen und mit einem kleinen Messer das Mark herausschaben. Die ausgeschabte Schote und das Mark zur Milch geben und zum Kochen bringen.

3 Sobald die Milch kocht, vom Herd nehmen. Etwas von der heißen Vanillemilch zur Eigelbmasse hinzufügen und untermischen.

4 Die Masse zur verbliebenen heißen Milch in den Topf geben und unter Rühren erhitzen, bis die Creme aufkocht und andickt. Den Topf vom Herd nehmen und noch etwas weiterrühren, da der Topfboden nachheizt und die Creme dadurch immer noch anbrennen kann.

5 Die Creme in einen flachen Behälter geben (die Vanilleschote entfernen) und sofort mit Frischhaltefolie unmittelbar auf der Cremeoberfläche luftdicht abdecken, damit sich keine Haut bildet. Abkühlen lassen.

6 Die Butter mit dem Handrührgerät schaumig rühren. Die abgekühlte Creme hinzufügen. Achtung: Butter und Creme müssen die gleiche Temperatur haben, da die Butter sonst flüssig wird und die Creme beim Aufschlagen gerinnt! Beides mit dem Handrührgerät aufschlagen, bis die Buttercreme homogen ist.

Wird die Buttercreme sofort weiter verarbeitet, muss die Creme nicht mehr in den Kühlschrank, da sie sonst zu fest zum Verstreichen wird. Wird sie erst später weiterverabeitet, muss sie kühl gestellt werden. Vor dem Gebrauch die Creme jedoch nochmals aufschlagen, damit sie wieder eine verstreichbare Konsistenz bekommt.

Tipp: Die Deutsche Buttercreme ist wegen ihres hohen Cremeanteils und des geringen Zuckergehalts eine relativ »leichte« Buttercreme. Man kann sie mit geriebenen und gerösteten Nüssen, flüssiger Kuvertüre etc. verfeinern, dabei muss sie gegebenenfalls gesüßt werden.

Für Torten, Tortendekorationen, Törtchen, Desserts

Italienische Buttercreme

**ERGIBT ETWA
590 G**
Zubereitung:
etwa 1 Stunde

160 g plus 30 g Zucker
100 g Wasser
150 g Eiweiß
250 g zimmerwarme Süßrahmbutter
Mark von ½ Vanilleschote

1 **2** In einem kleinen Topf 160 g Zucker mit dem Wasser mischen und zum »starken Flug« kochen (siehe Seite 311), d.h. auf 118 °C erhitzen. Einen Backpinsel und etwas kaltes Wasser bereithalten, um Zuckerkristalle, die sich an der Topfseite festsetzen, wegzuwaschen. Sie würden verbrennen, wenn sie kleben blieben, und würden den Zuckersirup auskristallisieren lassen. Während des Erhitzens den Zuckersirup nicht umrühren und die Temperatur mit einem Zuckerthermometer kontrollieren (siehe auch Tipp).

Während der Zuckersirup erhitzt wird, mit dem Handrührgerät oder in der fettfreien Rührschüssel der Küchenmaschine das Eiweiß mit dem restlichen Zucker (30 g) langsam steif schlagen. Sobald der Zuckersirup die Temperatur von 118 °C erreicht hat, den heißen Sirup in dünnem Strahl in den Eischnee rühren. Den Eischnee dabei so lange aufschlagen, bis die Meringuemasse abgekühlt ist und eine kompakte Konsistenz hat (mit einer Küchenmaschine dauert das etwa 20 Minuten).

3 **4** Inzwischen in einer Schüssel die Butter mit dem Vanillemark aufschlagen, dann zur abgekühlten Meringuemasse hinzufügen und unterrühren. Achtung: Butter und Meringuemasse müssen die gleiche Temperatur haben, da die Creme sonst beim Aufschlagen gerinnt! Gegebenenfalls mit einem Gummispatel die Masse vom Schüsselboden lösen und nochmals aufschlagen.

Tipps: Die Italienische Buttercreme kann nach Belieben mit Lebensmittelfarbe eingefärbt bzw. mit Zitronensaft, flüssiger Kuvertüre, Fruchtpürees, Nusscremes oder Kaffee verfeinert werden. Diese Buttercreme kann die Zutaten nach Belieben und Geschmack aufnehmen.

Die Buttercreme ist relativ temperaturunempfindlich, was vor allem im Sommer praktisch ist: Da sie nicht so schnell weich wird, kann man sie auch ungekühlt einige Zeit bis zur weiteren Verwendung stehen lassen.

Da man die Temperatur des Zuckers mit dem bloßen Auge nicht erkennen kann, ist ein Zuckerthermometer unbedingt notwendig!

Für Torten und Törtchen, Tortendekorationen, Desserts

3 SAUCEN, KARAMELL UND SCHOKOLADE

Ein spannendes Kapitel – Karamell und Schokolade. Hier geht es um viel Technik, Physik und Chemie. Wie oft schon wollten Sie etwas karamellisieren und der Zucker ist dabei verbrannt? Wie gelingen einfache Zucker-dekorationen für das selbst gemachte Dessert? Warum wird die Schokolade grau? Wie temperiere ich Schokolade richtig? Auch hier finden Sie bestimmt die richtige Antwort auf Ihre Fragen.

**ERGIBT ETWA
1250 G**

Zubereitung:
etwa 30 Minuten

500 g Vollmilch
500 g Sahne
1 Vanilleschote
240 g Eigelb
160 g Zucker

1 Die Milch und die Sahne in einen Topf geben. Die Vanilleschote längs aufschlitzen und das Mark herausschaben. Die ausgeschabte Schote und das Mark zur Milchmischung in den Topf geben und zum Kochen bringen (die Milch sollte richtig aufwallen).

Unterdessen in einer Schüssel das Eigelb und den Zucker mit dem Schneebesen cremig rühren.

Sobald die Vanillemilch aufkocht, vom Herd nehmen und etwa ein Drittel davon unter die Eigelbmasse rühren. Die Eigelb-Milch-Mischung zurück zur verbliebenen Milch in den Topf geben. Wieder auf den Herd stellen (siehe auch Tipp).

2 Die Masse unter ständigem Rühren mit einem Holzlöffel auf 82–85 °C erhitzen und »zur Rose abziehen« (siehe Seite 311). Dabei die Sauce mit dem Löffel gleichmäßig vom Topfboden bewegen, damit sie nicht anbrennen kann.

3 **4** Sobald die Sauce dicker und cremig wird, vom Herd nehmen und noch 30 Sekunden weiterrühren. Um zu prüfen, ob die Sauce die richtige Konsistenz erreicht hat, den Holzlöffel durch die Sauce ziehen, herausnehmen und auf den Löffelrücken blasen. Wenn sich eine Art Rose darauf bildet, ist die Sauce fertig.

Anschließend die Sauce durch ein Sieb passieren und in einen kleinen sauberen Behälter füllen. Den Behälter sofort mit Frischhaltefolie abdecken, damit sich keine Haut bildet. Abkühlen lassen.

Tipps: Da das Vermischen der beiden Massen (Vanillemilch und Eigelbmasse) nicht so schnell geht, sollte man sie auf keinen Fall direkt auf der Herdplatte mischen. Das Eigelb würde sofort andicken und Klümpchen bilden, wenn man zu langsam arbeitet.

Die Crème anglaise ist in einem verschlossenen Behälter im Kühlschrank bis zu 1 Woche haltbar. Sie kann nicht eingefroren werden.

Für die Speiseeisherstellung, als Sauce für Desserts und Eisbecher

Erdbeersauce

ERGIBT ETWA 350 G
Zubereitung:
etwa 40 Minuten

400 g Erdbeeren
60 g Zucker
6 g Speisestärke
10 g kaltes Wasser

1 Die Erdbeeren abbrausen (nicht trocken tupfen!), entkelchen und vierteln. Dann alle Erdbeeren in ein hohes Rührgefäß geben und mit dem Pürierstab fein pürieren.

2 Anschließend das Püree durch ein feines Sieb passieren, um die Kernchen zu entfernen. Das Erdbeerpüree (es sollten etwa 300 g sein) zusammen mit dem Zucker in einen Topf geben und zum Kochen bringen.

3 **4** In einer kleinen Schüssel den Zucker und die Speisestärke vermischen. Das kalte Wasser hinzufügen und alles mit einem kleinen Schneebesen glatt rühren. Sofort unter das kochende Erdbeerpüree mischen und so lange rühren, bis die Sauce andickt. Vom Herd nehmen und noch etwa 30 Sekunden weiterrühren, da der Topfboden nachheizt und die Sauce dadurch immer noch anbrennen kann. Je nach Rezept abgekühlt oder lauwarm verwenden.

Tipps: Anstelle der Erdbeeren können auch Himbeeren oder Heidelbeeren verwendet werden. Die Konsistenz der Sauce (dieses Rezept ergibt eine streichfähige mittlere Variante) ist Geschmackssache und lässt sich durch Zugabe von etwas mehr oder weniger Speisestärke variieren. Ist die fertige Sauce zu dick geraten, verdünnt man sie am besten mit etwas Wasser.

Für Fruchtspiegel, als Dessertkomponente, für Kompotte, Jellys

Trockener Karamell
mit geschmolzenem Zucker

**ERGIBT ETWA
280 G**
Zubereitung:
etwa 30 Minuten

300 g Zucker
20 g Süßrahmbutter

1 Einen leeren Topf auf den Herd stellen und auf höchster Temperatur erhitzen. Sobald der Topfboden heiß ist, etwas Zucker in den Topf geben und schmelzen lassen. Dabei mit einem Holzlöffel langsam rühren, damit der Zucker nicht verbrennen kann.

2 Wieder etwas Zucker hinzufügen, unter Rühren schmelzen lassen und den Vorgang so lange wiederholen, bis die gesamte Zuckermenge verarbeitet ist. (Auf keinen Fall darf der gesamte Zucker auf einmal in den Topf gegeben werden, da er schnell anbrennen würde!)

3 **4** Den Karamell so lange erhitzen, bis er die gewünschte Farbe hat. Dann die Butter dazugeben (siehe Tipp) und unterrühren.

Achtung: Arbeiten Sie langsam und konzentriert, damit Sie sich nicht verbrennen, denn der Karamell wird sehr heiß und erreicht eine Temperatur von 175–180 °C!

Tipp: Die Zugabe von Butter ist nicht unbedingt nötig, sie dient jedoch zur Verbesserung des Geschmacks.

Für das Karamellisieren von Früchten, für Crumbles, für Dessertsaucen

Karamell mit gekochtem Zucker

ERGIBT 500 G
Zubereitung:
etwa 30 Minuten

500 g Zucker
200 g Wasser

1 **2** Den Zucker und das Wasser in einen sauberen Topf geben und mit einem Kochlöffel einmal umrühren, sodass der Zucker vollständig nass ist. Dann den Topfrand mit einem nassen Pinsel und klarem Wasser sauber waschen, damit beim Erhitzen kein Zucker am Rand anbrennen kann. (Der heiße Wasserdampf würde den verbrannten Zucker vom Rand lösen und in die klare Zuckerlösung hineinspülen. Dort würde der Zucker bei einer bestimmten Temperatur auskristallisieren und erstarren.)

3 **4** Die Zuckerlösung auf höchster Stufe auf 175 °C erhitzen (mit einem Zuckerthermometer messen!) und so lange kochen, bis sie die gewünschte (goldene) Karamellfarbe hat. In der Zwischenzeit eine Schüssel mit Eiswasser bereitstellen. Sobald der Karamell den gewünschten Farbton erreicht hat, den Topf sofort ins Eiswasser stellen, damit der Topfboden nicht weiter nachheizt und der Zucker langsam immer dunkler wird.

5 **6** Sobald der Karamell etwas abgekühlt und wieder dickflüssig geworden ist, werden damit schöne Dekorationen für Desserts hergestellt. Dazu taucht man einen Löffel in den Karamell und lässt diesen langsam über eine Lage Backpapier laufen, sodass man Kreise oder Stangen erhält. Nach dem Erstarren des Karamells löst man die Dekore ganz vorsichtig ab und platziert sie kurz vor dem Servieren auf dem Dessert.

Tipps: Verwenden Sie einen Topf mit hohem Rand, denn der Zucker dehnt sich beim Kochen aus, bildet große Blasen und könnte überlaufen.

Zur Reinigung den Topf mit Wasser füllen und aufkochen lassen.

Für Karamelldekorationen oder zum Eintunken von Profiteroles (siehe St.-Honoré-Törtchen, Seite 172)

Kuvertüre temperieren

Zubereitung:
etwa 1 ½ Stunden

Um Kuvertüre verarbeiten zu können (z. B. für Hohlformen, Pralinen oder Dekorationen), muss sie geschmolzen werden. Damit sie nach dem Schmelzen wieder einen schönen Bruch und Glanz bekommt, wird sie temperiert. Beim Temperieren – bzw. Vorkristallisieren – wird die Kuvertüre erwärmt, abgekühlt und wieder erwärmt, bis sie die zum Weiterverarbeiten richtige Endtemperatur erreicht hat.

Weiße Kuvertüre, Vollmilchkuvertüre und bittere Kuvertüre müssen unterschiedlich temperiert werden, damit sich die drei Hauptbestandteile Kakaobutter, Zucker und Kakaomasse optimal verbinden. Wird die Kuvertüre nicht richtig temperiert, benötigt sie länger zum Festwerden. Dabei bekommt sie Streifen und Fettpunkte, die auf der Oberfläche sichtbar werden. Sie bekommt auch keinen festen Biss, sondern bleibt eher weich und brüchig.

Es gibt verschiedene Arten des Temperierens: Impfen, Tablieren und Temperieren im Wasserbad. Hier wird das »Tablieren« – das Temperieren auf dem Tisch – vorgestellt. Es erfordert einige Übung; hilfreich ist dabei ein Schokoladen-Thermometer und eine kleine Marmorplatte.

1 2 3 Zum Temperieren drei Viertel der auf dem Wasserbad erwärmten, flüssigen Kuvertüre auf eine Marmorplatte gießen, den Rest in einer Schüssel beiseitestellen (nicht zurück auf das Wasserbad).

4 5 6 Durch gleichmäßiges Bewegen der Kuvertüre mit einer Palette kühlt die Kuvertüre langsam ab. Sobald sie anzieht, zurück zur verbliebenen Kuvertüre in die Schüssel geben und gut verrühren. Eventuell auf dem Wasserbad noch etwas nachwärmen, bis die Kuvertüre die richtige Endtemperatur hat (mit dem Schokoladen-Thermometer prüfen!).

Tipps: Bereits verarbeitete Kuvertüre kann mehrmals geschmolzen und aufs Neue temperiert werden.

Kuvertüre und Dekore (z. B. auf Backpapier gespritzte Ornamente) lassen sich in einem geschlossenen Behälter lichtgeschützt und kühl mehrere Wochen aufbewahren.

Für die Dekoration von Torten, Kuchen, Desserts und Pralinen

TEMPERATURVERLAUF BEIM TEMPERIEREN:
Weiße Kuvertüre: Zimmertemperatur ⟩⟩⟩ 45–50 °C ⟩⟩⟩ 26–27 °C ⟩⟩⟩ 28–29 °C Endtemperatur
Vollmilchkuvertüre: Zimmertemperatur ⟩⟩⟩ 45–50 °C ⟩⟩⟩ 27–28 °C ⟩⟩⟩ 29–30 °C Endtemperatur
Bittere Kuvertüre: Zimmertemperatur ⟩⟩⟩ 55–58 °C ⟩⟩⟩ 28–29 °C ⟩⟩⟩ 31–32 °C Endtemperatur

**ERGIBT 570 G
(AUSREICHEND
FÜR 1 TORTE
ODER 1 BLECH
KEKSE)**
Zubereitung:
etwa 30 Minuten plus
30 Minuten–3 Stun-
den zum Trocknen
(je nachdem, wie
nass die Glasur ist)

830 g Puderzucker
100 g Eiweiß
15 g Zitronensaft
Lebensmittelfarbe (Pulver; nach Belieben)

Für die Glasur den Puderzucker in eine Schüssel sieben. In einer Rührschüssel das Eiweiß mit etwas von dem gesiebten Puderzucker mit dem Handrührgerät aufschlagen, bis es weiß und fluffig ist. Den restlichen Puderzucker nach und nach dazugeben, bis das Royal Icing fest geschlagen, cremig, aber noch spritzfähig ist. Den Zitronensaft hinzufügen und erneut steif aufschlagen. Die Spritzglasur nach Belieben mit Lebensmittelfarbe einfärben. Dazu so viel Farbe unter die Glasur rühren, bis der gewünschte Farbton erreicht ist.

Die Eiweißspritzglasur beliebig zum Dekorieren verwenden: Die Glasur in eine Spritztüte (siehe Seite 102) geben und in hübschem Muster auf Gebäck, Kuchen oder Torten auftragen, oder die Glasur in einen Spritzbeutel geben und mit verschiedenen Spritztüllen schöne Randdekorationen aufspritzen. Alternativ kann man auch fantasievolle Ornamente auf eine Lage Backpapier spritzen, diese nach dem Trocknen vorsichtig ablösen und auf Gebäck, Kuchen oder Torten auflegen.

Tipps: Bei der Verwendung der Eiweißspritzglasur immer ein feuchtes Tuch auf die Schüssel mit der restlichen Glasur legen und abgedeckt lassen, sodass die Glasur nicht austrocknen kann.

Möchte man zwischen den Eiweißlinien eine größere Fläche glatt ausfüllen, so gibt man zur Glasur noch etwas Eiweiß, um die Glasur etwas flüssiger zu machen.

Die Eiweißspritzglasur kann in einem gut schließenden Behälter mehrere Tage im Kühlschrank aufbewahrt werden. Vor dem Weiterverarbeiten nochmals aufschlagen und bei Bedarf noch etwas Puderzucker hinzufügen.

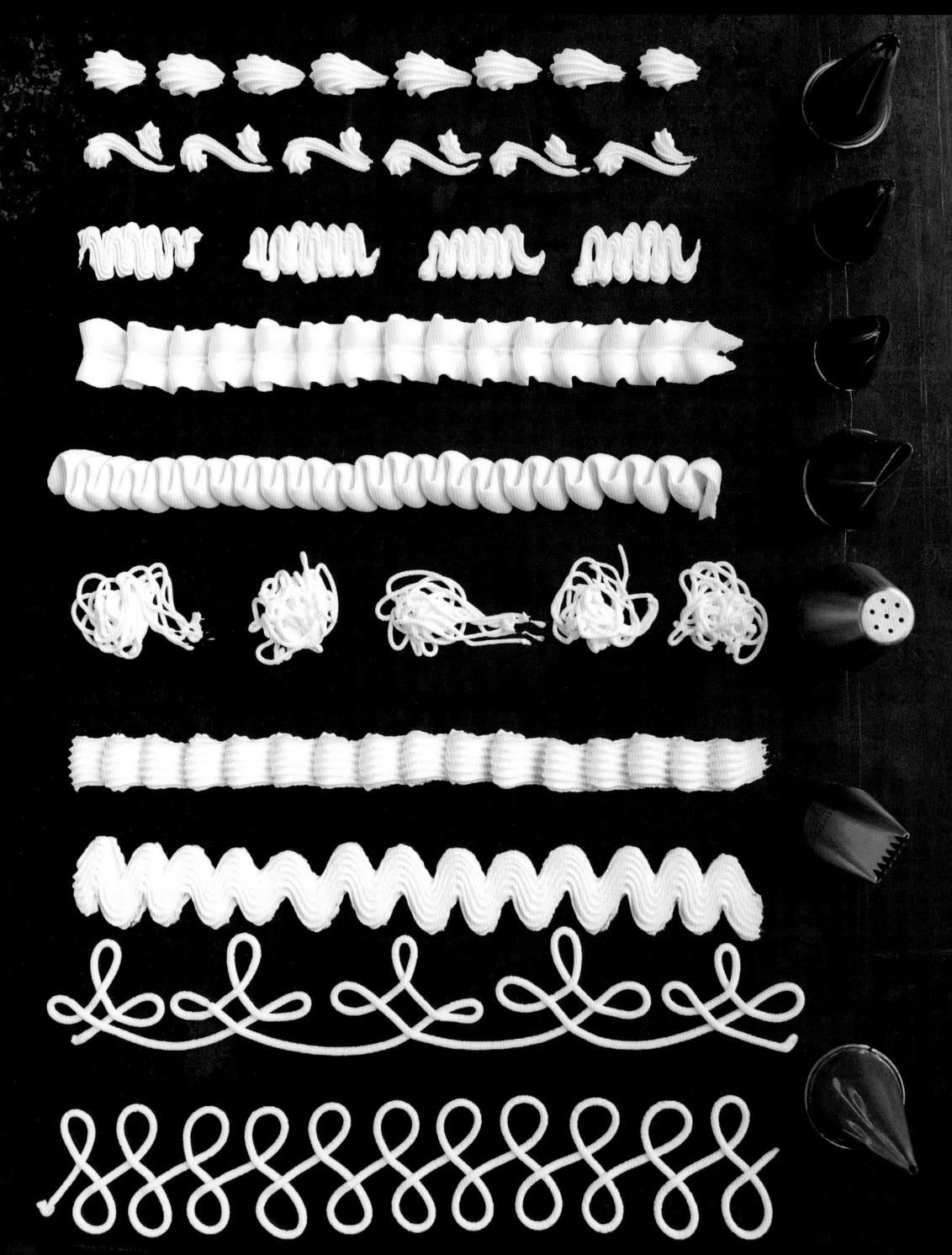

Mein Job in Dubai

Gerne denke ich zurück an die spannenden Jahre bei Emirates Flight Catering in Dubai, als ich direkt am Airport gearbeitet habe. Als einzige weibliche Führungskraft in der Catering-Küche war ich eine der wenigen, die mit dem Auto direkt auf das Airport-Firmengelände bis vor die Eingangstür des Arbeitsplatzes fahren durfte. Morgens wurde mir schon von der Security mit »Morning, M'am« salutiert. Da fing der Tag schon gut an.

Mit meinem 140 Mann starken »Pastry Bakery Team« produzierte ich täglich 20 000 Airline-Des-serts für fast 90 Airlines. Ich habe unter anderem eine Entwicklungsabteilung für neue Rezepturen aufgebaut, sodass wir die täglich stattfindenden Menü-Tastings der einzelnen Airlines mit immer neuen Kreationen bestücken konnten. Convenience-Produkte habe ich schon damals reduziert, um die Qualität kontinuierlich zu steigern. Für viele Airlines entwickelten wir außergewöhnlich hochwertige Desserts, die den Geschmackstest auch noch in 10 000 Metern Flughöhe bestanden haben. Dafür bekamen wir regelmäßig viele Dankesschreiben unserer Airline-Kunden.

Darüber hinaus produzierte ich mit meinem Team jede Menge VIP-Aufträge für die große Scheichfamilie aus Dubai. Etwa jeden dritten Tag wurde für die Scheichfamilie eine 2 x 3 Meter große Torte bestellt, die eine der unzähligen Feiern schmücken sollte. Das waren echte Mammut-Torten, zu den unterschiedlichsten Themen wie zum Beispiel »Fantasy World«. Zu viert wurde daran dann zwei Tage gewerkelt, bis das Prachtstück abholbereit war.

Dazu kamen regelmäßig kleine Überraschungen, zum Beispiel, wenn der Scheich in drei Stunden mit seinem Privatflugzeug abreiste und das Flugzeug-Buffet reich bestückt werden musste. Alle halfen mit, das üppige Buffet für eine Zahl von 50 Personen zu produzieren – obwohl es sich tatsächlich nur um eine Handvoll Fluggäste handelte. Das war wirklich eine Höchstleistung, und ich staune noch heute, mit welchen Kräften wir dies regelmäßig neben dem Airline-Tagesgeschäft gewuppt haben.

Beate Wöllstein bei der Herstellung des Schokoladen-schaustücks »Schloss Neuschwanstein« in Dubai 2002

1 »Global Wedding Cake Competition«,
Dubai 2001 – die Preisverleihung

2 Erster Platz: Beate Wöllstein,
hier mit der Jury

3 EKFC Emirates Kitchen Director Heinz Zucchelli
und EKFC Production Manager James A. Griffith

4 **5** Die Goldmedaillen-Hochzeitstorte
von Beate Wöllstein

DIE REZEPTE

Sicher sind Sie schon ganz gespannt, was mein Backbuch
an Köstlichkeiten für Sie bereit hält. Ich habe für Sie
die Kapitel unterteilt in Kuchen und Cupcakes, Torten,
Törtchen und Petits Fours, Gebäck und Desserts. So
finden Sie schnell das richtige Rezept für jeden Anlass …

1 KUCHEN UND CUPCAKES

Es muss nicht immer kompliziert und ausgefallen sein! Oft schmecken die einfachsten Kuchen und Blechkuchen unvergesslich köstlich. Hier finden Sie eine ganz besondere Auswahl meiner Lieblingsrezepte – Blechkuchen, Kuchen und Cupcakes, die bei Kuchenliebhabern immer Saison haben. Vielleicht finden auch Sie hier Ihr neues »Hausrezept«, auf das Sie in Zukunft nicht mehr verzichten möchten.

Hessischer Riwwelkuche

ERGIBT ETWA 25 PORTIONEN
Zubereitung: etwa 30 Minuten | Backzeit: etwa 30 Minuten | Backtemperatur: 200 °C Ober-/Unterhitze
Backblech mit 30 x 40 cm und passender Backrahmen

Für die Riwwel (Streusel)
350 g zimmerwarme Süßrahmbutter
300 g Zucker
600 g Mehl (Type 405)
¼ TL gemahlener Zimt
1 g Salz

Für den Teig
800 g Hefeteig (Grundrezept »Leichter
   Hefeteig«, siehe Seite 16) mit bereits
   abgeschlossenem erstem Gärvorgang
   über 1 ½–2 Stunden
Mehl zum Verarbeiten
Fett für den Backrahmen
20 g Eigelb
30 g Milch

Außerdem
Puderzucker zum Bestauben

Für die Riwwel
In einer Schüssel die Butter und den Zucker mit der Hand verkneten. Das Mehl, den Zimt und das Salz dazugeben und alles verkneten, bis große Riwwel entstehen. Beiseitestellen.

Für den Teig
Mit dem Hefeteig nach dem ersten Gärvorgang wie auf Seite 16 beschrieben verfahren und auf der bemehlten Arbeitsfläche die Luft aus dem Teig kneten. Den Teig mit dem Rollholz zu einem 30 x 40 cm großen und 5 mm dicken Rechteck ausrollen und auf das mit Backpapier belegte Backblech legen. Den gefetteten Backrahmen um den Teig legen.

Den Teig mehrmals mit einer Gabel einstechen. Das Eigelb und die Milch verrühren und den Teig damit bestreichen. Die Riwwel gleichmäßig darauf verteilen. Den Teig bei Zimmertemperatur 30 Minuten ruhen lassen.

Anschließend den Kuchen im vorgeheizten Ofen bei 200 °C etwa 30 Minuten backen. Herausnehmen, sobald der Boden eine helle Backfarbe hat. Den Kuchen auskühlen lassen, dann in etwa 25 gleichmäßige Stücke teilen. Vor dem Servieren mit Puderzucker bestauben.

> Dieser Blechkuchen hat mich meine ganze Jugend über begleitet, denn bei uns zu Hause gab es regelmäßig diesen tollen trockenen Streusel-Hefe-Kuchen vom Blech. Er ist eine echte hessische Spezialität.

Lehrbetrieb 1985: Noch heute erinnere ich mich gern an meine sehr lehrreiche Ausbildungszeit in Starnberg, in einer kleinen, sehr guten Konditorei. Im Sommer wurde es spannend, denn zur »Datschizeit« musste ich im Garten unseres Betriebes noch selbst die Pflaumen vom Baum pflücken! Danach wurden die Zwetschgen in der Backstube weiterverarbeitet und von mir fein säuberlich auf unzählige Datschibleche aufgelegt. Und weil ich so viel Spaß dabei hatte, habe ich täglich Wettbewerbe mit mir selbst gemacht. Meine Bestzeit zum Entsteinen und Auflegen lag bei nur noch sportlichen sieben Minuten für ein großes Backblech! Rekordzeit!

Zwetschgendatschi mit Streuseln

ERGIBT 12 PORTIONEN
Zubereitung: etwa 2 ½ Stunden | Backzeit: 30–40 Minuten | Backtemperatur: 190 °C Ober-/Unterhitze
Backblech mit 30 x 40 cm

Für den Hefeteig
270 g Mehl (Type 405)
35 g Eigelb
35 g Zucker
2 g Salz
35 g zimmerwarme Süßrahmbutter
115 g Milch
13 g frische Hefe

Für die Fertigstellung des Datschiteigs
300 g Vanillemürbeteig
   (Grundrezept siehe Seite 22), gekühlt
20 g Butter zum Bestreichen,
   mehr für das Blech

Für den Belag und zum Bestreuen
1700 g Zwetschgen, halbiert und entsteint
400 g Vanillestreusel
   (Grundrezept siehe Seite 26)
100 g Zimtzucker

Für den Teig
Den Hefeteig wie auf Seite 16 (Grundrezept »Leichter Hefeteig«) beschrieben herstellen und im Kühlschrank etwa 1 Stunde gehen lassen, bis sich sein Volumen verdoppelt hat. Anschließend den Teig auf eine Backmatte legen und die Luft herauskneten. Den Teig 2 cm dick ausrollen oder flach drücken und für 1 weitere Stunde in den Kühlschrank legen, damit er nicht weiter aufgeht.

Den gekühlten Mürbeteig und den gekühlten Hefeteig in die Rührschüssel der Küchenmaschine geben und beide Teige mit dem Knethaken gut verkneten. Den Datschiteig herausnehmen und auf einer Backmatte zu einem 30 x 40 cm großen und 5 mm dicken Rechteck ausrollen. Den Teig auf das gefettete Backblech legen und mehrmals mit einer Gabel einstechen. In einem Topf die Butter zerlassen und den Teig damit bestreichen.

Für den Belag
Die Zwetschgenhälften längs leicht einschneiden, dann reihenweise und leicht überlappend mit der Schnittfläche nach oben auf den Teig legen, bis dieser lückenlos bedeckt ist. Die Streusel gleichmäßig darauf verteilen. Den Datschi im vorgeheizten Ofen bei 190 °C 30-40 Minuten backen. Herausnehmen, wenn die Bodenunterseite eine hellbraune Backfarbe hat, und mit dem Zimtzucker bestreuen. Den Datschi auskühlen lassen, dann in zwölf Stücke schneiden.

Tipp: Für einen Zwetschgendatschi verwendet man reife, weiche und saftige Zwetschgen. Er schmeckt mit oder ohne Streusel, aber frische Schlagsahne dazu ist fast schon ein Muss.

Birne-Macadamia-Schnitten

ERGIBT 12 PORTIONEN

Zubereitung: etwa 40 Minuten | Backzeit: 35–40 Minuten | Backtemperatur: 180 °C Ober-/Unterhitze
Backblech mit 30 x 40 cm und passender Backrahmen

Für die Florentinermasse

100 g Zucker
100 g Butter
100 g Bienenhonig
100 g Mandeln, gehobelt

Für den Teig

750 g Vanillemürbeteig (Grundrezept siehe
   Seite 22), gekühlt
Fett für den Backrahmen

Für den Belag

750 g Crème pâtissière (Grundrezept siehe
   Seite 52)
1 kg Williams-Christ-Birnen, in 1 cm große
   Würfel geschnitten
300 g Macadamianusskerne

Für die Florentinermasse

In einem Topf den Zucker, die Butter und den Honig auf 105 °C aufkochen, dann sofort vom
Herd nehmen. Die gehobelten Mandeln auf einmal dazugeben und mit einem Kochlöffel zügig
unterrühren, ohne sie dabei zu zerbrechen. Die noch heiße Masse sofort auf eine Backmatte
geben und mit einer zweiten Backmatte bedecken. Mit dem Rollholz zügig zu einem 30 x 40 cm
großen, dünnen Rechteck ausrollen. Die Florentinermasse zwischen den Backmatten im Kühlschrank abkühlen lassen.

Für den Teig und Belag

Den Mürbeteig zu einem 30 x 40 cm großen Rechteck ausrollen und auf das mit Backpapier
belegte Backblech legen. Den gefetteten Backrahmen um den Teig legen, sodass dieser mit
dem Rahmen abschließt. Nun die Crème pâtissière mit einer Winkelpalette gleichmäßig auf
dem Teig verstreichen und die Birnenwürfel darauf verteilen. Die Macadamianusskerne in
einen Gefrierbeutel geben und mit dem Rollholz grob hacken. Über den Kuchen streuen.

Den Kuchen im vorgeheizten Ofen bei 180 °C 10 Minuten backen, dann kurz herausnehmen.
Die abgekühlte und erstarrte Florentinermasse aus dem Kühlschrank nehmen, die obere
Matte vorsichtig abziehen und die hauchdünne Florentinerdecke auf den heißen Blechkuchen
auflegen; die zweite Backmatte ebenfalls abziehen. Den Kuchen weitere 25-30 Minuten
backen, bis die Florentinermasse eine hellbraune Backfarbe hat. Herausnehmen, abkühlen
lassen und in zwölf Stücke schneiden.

Tipp: Die Birne-Macadamia-Schnitten schmecken am besten tagesfrisch.

Blechkuchen »Feige auf Pistazie«

ERGIBT 12 PORTIONEN
Zubereitung: etwa 40 Minuten | Backzeit: 50–55 Minuten | Backtemperatur: 180 °C Ober-/Unterhitze
Backblech mit 30 x 40 cm und passender Backrahmen

Für die Pistaziencreme
130 g zimmerwarme Süßrahmbutter
130 g Puderzucker
1 g Salz
130 g Mandeln, gerieben
45 g Pistazienpaste
  (aus 100 % Pistazienkernen)
20 g Vanillepuddingpulver
15 g Kirschwasser
100 g Vollei

Für den Kuchenboden
750 g Vanillemürbeteig (Grundrezept
  siehe Seite 22), gekühlt
Fett für den Backrahmen

Für den Belag
40 frische Feigen

Für die Aprikotur
120 g Aprikosenkonfitüre
30 g Wasser

Außerdem
50 g gehobelte Mandelkerne, geröstet

Für die Pistaziencreme
Die Butter mit dem Puderzucker und dem Salz schaumig rühren. Die Mandeln und die Pistazienpaste dazugeben und untermischen. Das Vanillepuddingpulver mit dem Kirschwasser glatt rühren und unter die Masse mengen. Die Eier in einer Rührschüssel schaumig schlagen und unter die Masse heben. Die Creme beiseitestellen.

Für den Kuchenboden
Den Mürbeteig mit dem Rollholz zu einem 30 x 40 cm großen Rechteck ausrollen und auf das mit Backpapier belegte Backblech legen. Den gefetteten Backrahmen um den Teig legen, sodass der Mürbeteig mit dem Rahmen abschließt. Nun die Pistaziencreme mit einer Winkelpalette gleichmäßig darauf verteilen.

Für den Belag
Die Feigen vom Stielansatz ausgehend halbieren und die Stiele etwas kürzen. Die Früchte mit der Schnittfläche nach oben auf der Creme verteilen.

Den Kuchen im vorgeheizten Ofen bei 180 °C 50-55 Minuten backen, dann herausnehmen.

Für die Aprikotur
Die Aprikotur zubereiten (siehe Info Seite 89) und mit einem Pinsel auf die noch heißen Feigen auftragen, dann mit den gehobelten Mandeln bestreuen. Den Kuchen abkühlen lassen und in zwölf Stücke schneiden.

Tipp: Zum leicht herben Geschmack dieses Kuchens passt ein Gläschen lieblicher Weißwein.

Afternoon Tea »Battenberg«

ERGIBT 12 PORTIONEN
Zubereitung: etwa 1 ½ Stunden | Backzeit: etwa 30 Minuten | Backtemperatur: 180 °C Ober-/Unterhitze
2 Backrahmen à 30 x 8 cm

Für den hellen Biskuit
80 g Eigelb
Mark von ½ Vanilleschote
20 plus 75 g Zucker
75 g Süßrahmbutter
100 g Eiweiß
75 g Mehl (Type 405)
18 g Mandeln, gerieben

Für den rosafarbenen Biskuit
siehe Zutaten heller Biskuit
rote Lebensmittelfarbe (flüssig oder
    Pulver; nach Belieben)

Für die Aprikotur
180 g Aprikosenkonfitüre
50 g Wasser

Für den Aufbau
350 g Modelliermarzipan (Fertigprodukt;
    siehe auch Seite 310)
Puderzucker zum Bestauben
Marzipanblumen zum Dekorieren
    (nach Belieben)

Für den hellen und rosafarbenen Biskuit

Für den hellen Biskuit in einer Rührschüssel das Eigelb mit dem Vanillemark und 20 g Zucker mit dem Handrührgerät schaumig schlagen. In der Zwischenzeit die Butter in einem Topf zerlassen und beiseitestellen. In einer weiteren Schüssel das Eiweiß mit dem restlichen Zucker (75 g) steif schlagen, dann den steifen Eischnee langsam unter die Eigelbmasse heben. In dünnem Strahl die heiße Butter einrühren. Zuletzt das Mehl mit den Mandeln mischen und vorsichtig unter die Masse rühren.

Den rosafarbenen Biskuit wie beim hellen Biskuit beschrieben zubereiten. Dabei die Lebensmittelfarbe zum Eischnee geben und so lange rühren und Farbe dazugeben, bis der Teig wunschgemäß eingefärbt ist.

Die Backrahmen auf ein mit Backpapier belegtes Backblech stellen. In einen Rahmen den hellen Biskuit etwa 3 cm hoch einfüllen, in den zweiten den rosafarbenen Teig. Beide Teige im vorgeheizten Ofen bei 180 °C etwa 30 Minuten backen. Herausnehmen und abkühlen lassen. Dann aus den Backrahmen herauslösen und die Biskuits in jeweils zwei gleich lange Stangen mit 3 x 3 cm Querschnitt schneiden, sodass nun zwei helle und zwei rosafarbene Stangen vorliegen (siehe Abb. 1).

(Fortsetzung auf Seite 89)

Für die Aprikotur

Die Aprikotur zubereiten (siehe Info) und mit einem Pinsel die Biskuitstangen dick mit der Glasur bestreichen (siehe Abb. 2; einen Teil der Glasur zum Aufbau aufbewahren). Die vier Stangen so zusammensetzen, dass ein Schachbrettmuster entsteht (siehe Abb. 3).

Für den Aufbau

Das Marzipan auf eine Backmatte legen und mit etwas Puderzucker bestauben. Mit dem Rollholz gleichmäßig zu einem 26 x 30 cm großen und 3 mm dicken Rechteck ausrollen. Dabei das Marzipan immer wieder wenden und mit Puderzucker bestauben, damit es nicht auf der Matte festklebt. Mit der restlichen heißen Aprikosenglasur bestreichen und die vier zusammengeklebten Stangen mit dem Marzipan umhüllen. Nach Belieben mit Marzipanblumen dekorieren (siehe Abb. 4-6).

Zum Servieren die zusammengesetzte Stange in 2 ½ cm dicke Scheiben schneiden.

Tipp: Stellen Sie den hellen und den rosafarbenen Biskuit separat her, denn es ist schwierig, den Mix nachträglich einzufärben, ohne dass die Luft aus dem Teig gerührt wird und der Biskuit dadurch zusammenfällt.

Info: Eine Aprikotur verleiht Früchten einen schönen Glanz, schützt Gebäck vor dem Austrocknen und ist eine wichtige Grundschicht vor dem Auftragen von Glasur oder Fondant. Dazu Aprikosenkonfitüre und Wasser im angegebenen Verhältnis aufkochen, mit dem Pürierstab pürieren und erneut kurz aufkochen. Sofort mit einem Pinsel auf die noch heißen Früchte oder das Gebäck auftragen.

Dolcetti di mandorle »Birne und Feige«

ERGIBT 8 PORTIONEN

Zubereitung: etwa 1 Stunde plus 30–45 Minuten zum Kochen der Birnen |
Backzeit: 40–45 Minuten | Backtemperatur: 180 °C Ober-/Unterhitze
8 Holzkörbchen mit 9 x 14 cm und passende Papierförmchen

Für die pochierten Birnen
8 Williams-Christ-Birnen
600 g trockener Weißwein
600 g Wasser
180 g Zucker
Saft von ½ Zitrone
1 Zimtstange

100 g Vollei
12 g brauner Jamaika-Rum
160 g Mandeln, gerieben
16 g Vanillepuddingpulver

Für den Belag
16 frische Feigen

Für die Dolcetticreme
160 g zimmerwarme Süßrahmbutter
160 g Puderzucker

Für die Aprikotur
80 g Aprikosenkonfitüre
20 g Wasser

Für die pochierten Birnen

Die Birnen schälen und im Ganzen in einen Topf geben. Den Wein, das Wasser und die restlichen Zutaten hinzufügen und die Birnen bei mittlerer Temperatur in 30-45 Minuten pochieren (siehe Abb. 1). Sie sollten weich, aber noch bissfest sein. Vom Herd nehmen, die Birnen aus dem Sud heben und abkühlen lassen.

Für die Dolcetticreme

Die Butter mit dem Puderzucker in einer Rührschüssel schaumig rühren. Die Eier und den Rum dazugeben und abermals schaumig ruhren. Zum Schluss die geriebenen Mandeln und das Vanillepuddingpulver hinzufügen und alles zu einer glatten Masse vermengen. In einen Spritzbeutel geben. Die Holzkörbchen mit den Papierförmchen bestücken und die Dolcetticreme gleichmäßig auf die Körbchen verteilen (siehe Abb. 2).

(Fortsetzung auf Seite 92)

Für den Belag

Die abgekühlten pochierten Birnen halbieren und das Kerngehäuse sowie den Stiel entfernen. Die Birnenhälften der Länge nach in drei Teile schneiden und in der Mitte der Küchlein platzieren (siehe Abb. 3-5). Die Feigen vierteln, die Stielspitzen kürzen und die Früchte am Längsrand der Creme anordnen. Die Dolcetti di Mandorle im vorgeheizten Ofen bei 180 °C 40-45 Minuten backen. Herausnehmen.

Für die Aprikotur

Die Aprikotur zubereiten (siehe Info Seite 89) und mit einem Pinsel auf die noch heißen Dolcetti auftragen (siehe Abb. 6). Abkühlen lassen.

Tipp: Die Küchlein sind ein wunderbares Party-Mitbringsel.

Aprikosen-Mandel-Tarte mit Pinienkernen

ERGIBT 8–10 PORTIONEN
Zubereitung: etwa 45 Minuten | Backzeit: 40–45 Minuten | Backtemperatur: 180 °C Ober-/Unterhitze
Tartering mit 20 cm Ø

Für die Mandelcreme
65 g Milch
Mark von ½ Vanilleschote
10 g Eigelb
15 g Zucker
10 g Speisestärke
15 g Marzipanrohmasse
20 g zimmerwarme Süßrahmbutter
25 g Mandeln, gerieben
30 g Puderzucker
25 g Vollei
5 g brauner Jamaika-Rum

Für den Mürbeteigboden
250 g Vanillemürbeteig (Grundrezept
  siehe Seite 22)
Fett für den Tartering

Für den Belag
330 g Aprikosen
20 g Pinienkerne

Für die Aprikotur
40 g Aprikosenkonfitüre
15 g Wasser

Für die Mandelcreme
Die Milch mit dem Vanillemark in einen Topf geben und aufkochen. In einer Schüssel das Eigelb mit dem Zucker und der Speisestärke cremig rühren. Sobald die Milch kocht, diese zur Eigelbmasse hinzufügen und unterrühren. Die Mischung wieder in den Topf geben und unter Rühren zum Kochen bringen, bis die Creme andickt. Die Marzipanrohmasse mit der Butter zu einer glatten Masse verkneten. Den Topf vom Herd nehmen und die Marzipanmischung ein-rühren. Zum Schluss die Mandeln, den Puderzucker, das Ei und den Rum nach und nach unter die Masse rühren, bis sie eine glatte Konsistenz hat.

Für den Mürbeteigboden
Den Mürbeteig 4 mm dick und etwas größer als der Backring ausrollen. Den Backring fetten und auf ein mit Backpapier belegtes Backblech setzen. Den Teig einlegen. Den Mürbeteigrand oben mit einem glatten Messer sauber abtrennen. Die Mandelcreme gleichmäßig auf dem Teig verteilen.

Für den Belag
Die Aprikosen halbieren, entsteinen und dicht aneinander mit der Schnittfläche nach unten auf die Mandelcreme legen. Mit den Pinienkernen bestreuen. Die Tarte im vorgeheizten Ofen bei 180 °C 40-45 Minuten hellbraun backen.

Für die Aprikotur
Die Aprikotur zubereiten (siehe Info Seite 89) und mit einem Pinsel auf die noch warme Tarte auftragen. Die Tarte abkühlen lassen, dann in acht bis zehn Stücke schneiden und servieren.

Fruchtpürees gibt es in guter Qualität als Fertigprodukt. Sie sind aber auch rasch selbst zubereitet. Zur Herstellung von Fruchtpürees je nach Saison reife Früchte, alternativ auch tiefgekühlte Beeren verwenden. Gefrorene Früchte kurz aufkochen, frische Früchte zerkleinern. Dann die Beerenmasse oder die Fruchtstücke mit dem Pürierstab oder im Mixer pürieren und durch ein grobes Sieb passieren. 50–60 % der Früchte verbleiben als Püree.

Sommerliche Blaubeertartelettes

ERGIBT 6 STÜCK

Zubereitung: etwa 45 Minuten | Backzeit Blindbacken: 15–18 Minuten | Backtemperatur Blindbacken: 200 °C Ober-/Unterhitze | Backzeit Tartelettes: 12–14 Minuten | Backtemperatur Tartelettes: 170 °C Umluft
6 Tarteringe mit 8 cm Ø und 1 runder Ausstecher mit 10,5 cm Ø

Für die Mürbeteigtartelettes
300 g Vanillemürbeteig (Grundrezept
   siehe Seite 22), gekühlt
Fett für die Tarteringe
Reis zum Blindbacken

Für die Blaubeercreme
100 g Vollei
40 g Zucker
50 g Blaubeerpüree (siehe Info)
50 g Sahne

etwa 5 g frisch gepresster Zitronensaft
240 g frische Blaubeeren zum Belegen

Für die Glasur
150 g Blaubeerkonfitüre
45 g Wasser

Für die Dekoration
12 g bunte Gänseblümchen (oder
   andere essbare Sommerblüten)
¼ Blatt Blattgold nach Belieben

Für die Mürbeteigtartelettes

Den gekühlten Teig auf einer Backmatte mit dem Rollholz 4 mm dick ausrollen. Mit dem Ausstecher sechs Scheiben ausstechen. Die gefetteten Tarteringe auf ein mit Backpapier belegtes Backblech stellen und mit dem Teig auslegen. Den oberen Teigrand sauber abtrennen. Den Teig mit PVC-Folie (siehe Tipp) auslegen, mit Reis befüllen und die Folie oben zu einem Säckchen verschließen (siehe auch »Blindbacken«, Seite 21). Die Tartelettes im vorgeheizten Ofen bei 200 °C 15 Minuten blindbacken, bis sie hellbraun sind, die Reissäckchen entfernen und die Tartelettes nochmals 3-5 Minuten fertig backen. Herausnehmen und auskühlen lassen.

Für die Blaubeercreme

In einer Schüssel die Eier und den Zucker mit einem Schneebesen cremig rühren. In einem Topf das Blaubeerpüree zusammen mit der Sahne kurz aufkochen lassen, dann zur Eiermasse hinzufügen und unterrühren. Mit Zitronensaft abschmecken. Die Creme in die vorgebackenen Tartelettschalen geben. Die Tartelettes bei 170 °C (Umluft) 12-14 Minuten weiterbacken und die Creme stocken lassen. Herausnehmen und abkühlen lassen. Die frischen Blaubeeren auf den sechs Tartelettes verteilen.

Für die Glasur und Dekoration

Die Blaubeerkonfitüre mit dem Wasser in einen Topf geben und kurz aufkochen lassen. Anschließend mit einem Pürierstab glatt pürieren. Die noch heiße Glasur mit einem breiten Pinsel hauchdünn auf die Beeren auftragen und abkühlen lassen. Die Tartelettes mit den Gänseblümchen und nach Belieben mit dem Blattgold (oder etwas Silberstaub) dekorieren.

Tipp: PVC-Folie ist hitzebeständig und daher zum Blindbacken ideal (Frischhaltefolie ist zum Backen ungeeignet). Wer keine PVC-Folie zur Hand hat, kann auch die klassischen Hülsenfrüchte zum Blindbacken verwenden.

Mini-Gugelhupfe mit Cranberries

ERGIBT 12 STÜCK
Zubereitung: etwa 50 Minuten plus 1 ½–2 Stunden zum Gehen der Gugelhupfe und 1–2 Tage zum
Durchziehen der Rumfrüchte | Backzeit: 25–30 Minuten | Backtemperatur: 180 °C Ober-/Unterhitze
12 Silikonförmchen à 7 cm Ø

Für die Rumfrüchte
120 g Cranberries
20 g brauner Jamaika-Rum

Für den Briocheteig
540 g Französischer Briocheteig
   (Grundrezept siehe Seite 20) mit bereits
   abgeschlossenem erstem Gärvorgang
   über 1 ½–2 Stunden

Für den Orangensirup
500 g Zucker
500 g Wasser
500 g frisch gepresster Orangensaft

Außerdem
Puderzucker zum Bestauben

> **Tipp:** Die Gugelhupfe schmecken am besten mit Butter und selbst gemachter Konfitüre zum Frühstück oder Nachmittagskaffee.

Für die Rumfrüchte
Bereits 1-2 Tage im Voraus die Cranberries in dem Rum einlegen und an einem warmen Ort gut durchziehen lassen.

Für den Briocheteig
Mit dem Briocheteig nach dem ersten Gärvorgang wie auf Seite 20 beschrieben verfahren und die Luft aus dem Teig kneten. Den Teig zurück in die Rührschüssel geben und die Rumfrüchte dazugeben. Die feuchten Früchte vorsichtig unterarbeiten und in den Teig kneten, sodass sie nicht ihren Saft verlieren und den Teig rot einfärben.

Den Teig aus der Schüssel nehmen und zwölf Portionen à 55 g auswiegen. Die Teiglinge auf einer Backmatte zu kleinen Kugeln formen, dann mit dem Finger ein kleines Loch in die Mitte jeder Kugel drücken. Die Kugeln in die Silikonförmchen legen. Die Formen in einen tiefen Behälter stellen und diesen mit einem feuchten Tuch bedecken. Die Gugelhupfe 1 ½–2 Stunden gehen lassen, bis sich ihr Volumen verdoppelt hat. Anschließend im vorgeheizten Ofen bei 180 °C in 25-30 Minuten goldgelb backen.

Für den Orangensirup
In der Zwischenzeit für den Orangensirup alle Zutaten in einen Topf geben, kurz umrühren und zum Kochen bringen. In 2-3 Minuten zu einem Sirup einkochen lassen.

Die Gugelhupfe aus dem Ofen nehmen und wenige Minuten abkühlen lassen. Aus den Formen lösen und die noch warmen Küchlein kurz komplett in den Orangensirup eintauchen. Die getränkten Gugelhupfe auf einem Kuchengitter abtropfen und auskühlen lassen. Vor dem Servieren mit Puderzucker bestauben.

Johannisbeer-Schoko-Cupcakes

ERGIBT 15 STÜCK

Zubereitung: etwa 1 ½ Stunden | Backzeit: 25–30 Minuten | Backtemperatur: 180 °C Ober-/Unterhitze

15 Cupcake-Manschetten

Für die Cupcakes

100 g bittere Kuvertüre (z. B. Valrhona
   Manjari mit 64 % Kakaoanteil)
8 g veganer Ei-Ersatz (Pulver;
   z. B. No-Egg, siehe Seite 310)
24 g Wasser
85 g zimmerwarme vegane Margarine
225 g Demerarazucker
120 g Sojamilch (natur)
160 g Mehl (Type 405)
40 g Sojamehl
15 g stark entöltes Kakaopulver
   (z. B. Valrhona)
2 g Natron
2 g Backpulver
2 g Salz
150 g Johannisbeeren,
   von den Rispen gezupft

Für das Cream-Cheese-Topping

110 g bittere Kuvertüre (z. B. Valrhona
   Manjari mit 64 % Kakaoanteil)
225 g Soja-Cream-Cheese
   (Frischkäse auf Sojabasis; siehe Seite 311)
110 g Puderzucker, gesiebt
160 g zimmerwarme vegane Margarine

Für das Johannisbeerkompott

80 g Zucker
1 g Pektin (siehe Seite 310)
55 g kaltes Wasser
1 Vanilleschote
180 g Johannisbeeren,
   von den Rispen gezupft

Für die Dekoration

Schokodekor nach Wahl
   (nach Belieben; siehe Info)

Für die Cupcakes

Die Kuvertüre schmelzen (siehe Info) und beiseitestellen. Den Ei-Ersatz mit dem Wasser anrühren und ebenfalls beiseitestellen.

In der Rührschüssel der Küchenmaschine die Margarine und den Zucker mit dem Handrührgerät schaumig rühren. Die Ei-Ersatz-Mischung einrühren, dann die Sojamilch und zum Schluss die flüssige Kuvertüre untermischen. Die Schüssel in die Küchenmaschine einsetzen und die Masse auf höchster Stufe rühren, bis sie homogen ist.

(Fortsetzung auf Seite 103)

Das Mehl, das Sojamehl, das Kakaopulver, das Natron und das Backpulver in eine Schüssel sieben, dann das Salz dazugeben. Die Mehlmischung auf einmal zur Margarinemasse hinzufügen und alles mit dem Handrührgerät langsam zu einem glatten Teig verrühren. Zuletzt die Johannisbeeren vorsichtig unterheben. Die Masse in einen Spritzbeutel mit Lochtülle (Nr. 15; 15 mm Ø) geben und jede Cupcake-Manschette mit 45-50 g Masse befüllen. Im vorgeheizten Ofen bei 180 °C 25-30 Minuten backen. Herausnehmen und abkühlen lassen.

Für das Cream-Cheese-Topping

Die Kuvertüre schmelzen (siehe Info) und beiseitestellen. Den Frischkäse und den gesiebten Puderzucker in eine Rührschüssel geben und mit dem Handrührgerät schaumig rühren. Die Margarine dazugeben und aufschlagen. Die flüssige Kuvertüre hinzufügen und so lange rühren, bis eine homogene Creme entsteht. (Falls die Creme zu weich ist, für etwa 15 Minuten in den Kühlschrank stellen und danach nochmals aufschlagen.) Die Creme in einen Spritzbeutel mit Sterntülle (Nr. 12; 12 mm Ø) geben und schöne Rosetten auf die Cupcakes aufdressieren. Kühl stellen, bis das Kompott fertig ist.

Für das Johannisbeerkompott

In einem Topf den Zucker mit dem Pektin mischen und mit dem kalten Wasser anrühren. Das Vanillemark hinzufügen und erhitzen, bis der Zucker sich aufgelöst hat, dann die Johannisbeeren dazugeben und etwa 1 Minute mitköcheln lassen. Vom Herd nehmen und abkühlen lassen. Anschließend mit einem Löffel auf dem Topping verteilen. Die Cupcakes nach Belieben mit Schokodekor dekorieren (siehe Info).

Info: Kuvertüre kann man im Wasserbad oder in der Mikrowelle schmelzen. Letzteres geht deutlich schneller. Dazu die Kuvertüre in eine Glas- oder Kunststoffschüssel geben und bei 800-1000 Watt 1 Minute erhitzen. Die Kuvertüre einmal umrühren, dann in kurzen Intervallen von 40 Sekunden weiter erhitzen, bis sie aufgelöst ist. Dabei nach jedem Erhitzen rühren, damit sie nicht anbrennt.

Die flüssige, temperierte Kuvertüre kann man zum Überziehen von Backwaren verwenden oder zu hübschem Dekor (siehe Abb. links) verarbeiten. Röllchen oder Schokoplättchen entstehen, wenn man die Kuvertüre dünn auf eine kalte Marmorplatte gießt und, sobald sie etwas anzieht, mit einer Palette wieder abschabt. Für Schriftzüge, Gitter- oder Blumenmuster bastelt man am besten eine Spritztüte: einfach ein Stück Papier zu einem Trichter formen und die Spitze abschneiden. Dann die flüssige Kuvertüre einfüllen und beliebige Motive auf Backpapier spritzen. Nach dem Trocknen vorsichtig ablösen und Kuchen und Torten damit dekorieren.

Cupcakes »Coconut Dream«

ERGIBT 12 STÜCK
Zubereitung: etwa 45 Minuten | Backzeit: etwa 20 Minuten | Backtemperatur: 180 °C Ober-/Unterhitze
12 Muffinformen und passende Papierförmchen

Für die Cupcakes
75 g zimmerwarme Süßrahmbutter
120 g Zucker
90 g Vollei
155 g Mehl (Type 405)
3 g Backpulver
40 g Speisestärke
10 g Kokoslikör
60 g Kokosraspel
60 g Ananas, fein gehackt
50 g Crème double
1 TL Abrieb von 1 unbehandelten Zitrone
1 TL Abrieb von 1 unbehandelten Orange

Für die Tränke
50 g Zucker
50 g Wasser
50 g Kokoslikör

Für das Topping
200 g Frischkäse (Doppelrahmstufe)
100 g Puderzucker, gesiebt
100 g zimmerwarme Süßrahmbutter
12 g Passionsfruchtpüree
   (siehe Info Seite 97)
12 hauchdünne Scheiben Ananas
   (nach Belieben)

Für die Cupcakes
In einer Rührschüssel die Butter mit dem Zucker schaumig rühren. Die Eier nach und nach dazugeben und unterrühren. Das Mehl, das Backpulver und die Speisestärke mischen, sieben und vorsichtig unter die Eiermasse mengen. Die restlichen Zutaten mischen und unter den Teig heben. Die Muffinformen mit den Papierförmchen bestücken. Den Teig in einen Spritzbeutel geben und auf die Förmchen verteilen (etwa 50 g pro Förmchen). Die Cupcakes im vorgeheizten Ofen bei 180 °C in etwa 20 Minuten hellbraun backen. Herausnehmen.

Für die Tränke
Den Zucker und das Wasser kurz aufkochen. Den Topf vom Herd nehmen, den Kokoslikör dazugeben und unterrühren. Mit einem Pinsel die noch heißen Cupcakes mit der Tränke befeuchten. Abkühlen lassen.

Für das Topping
In einer Rührschüssel den Frischkäse und den gesiebten Puderzucker mit dem Handrührgerät bei mittlerer Stufe cremig rühren. Die Butter dazugeben und erneut kurz aufschlagen. Zuletzt das Passionsfruchtpüree einrühren und nur so lange rühren, bis die Masse homogen und cremig ist (siehe Tipp). Das Topping in einen Spritzbeutel mit Sterntülle (Nr. 12; 12 mm Ø) geben und rosettenförmig auf die Cupcakes aufdressieren. Nach Belieben mit je einer aufgerollten Ananasscheibe dekorieren.

Tipp: Das Topping nicht zu lange aufschlagen, da es sonst flüssig wird!

Baumküchlein

ERGIBT 12 STÜCK

Zubereitung: etwa 1 ½ Stunden | Backzeit: etwa 1 Stunde | Backtemperatur: 230 °C Ober-/Unterhitze

Silikon-Backmatte mit 12 Vertiefungen in Mini-Kastenform

Für die Baumkuchenmasse
100 g zimmerwarme Süßrahmbutter
20 g plus 40 g plus 20 g Zucker
120 g Eiweiß
80 g Marzipanrohmasse
80 g Eigelb
20 g brauner Rum
50 g Mehl (Type 405)
50 g Speisestärke
1 Prise gemahlener Kardamom
1 Prise gemahlener Zimt
Mark von ½ Vanilleschote

1 TL Abrieb von 1 unbehandelten Zitrone
1 g Salz

Für die Glasur
200 g bittere Kuvertüre (z. B. Valrhona
    Caraibe mit 66 % Kakaoanteil)
20 g gehärtetes Kokosfett

Für die Dekoration
Goldpuder
Schokoröllchen (nach Belieben)

Für die Baumkuchenmasse

In einer Rührschüssel die Butter und 20 g Zucker mit dem Handrührgerät schaumig rühren. Das Marzipan in eine zweite Schüssel geben und das Eigelb mit dem Handrührgerät nach und nach einarbeiten, bis die Masse cremig wird. Den restlichen Zucker (20 g) und den Rum zur Marzipanmasse geben und ebenfalls einarbeiten. In einer weiteren Schüssel das Eiweiß mit 40 g Zucker ebenfalls mit dem Handrührgerät zu steifem Eischnee schlagen.

Das Mehl mit der Speisestärke mischen, in eine Schüssel sieben und die Gewürze dazugeben; beiseitestellen. Die Marzipanmischung in die Buttermasse einrühren. Den steifen Eischnee mit einem Gummispatel vorsichtig unterheben. Zum Schluss die Mehlmischung unter die Masse heben.

Die Masse in einen Spritzbeutel mit Lochtülle (Nr. 8; 8 mm Ø) geben. Den Boden der Kastenförmchen mit etwas Teig bedecken. Im vorgeheizten Ofen bei 230 °C in etwa 8 Minuten goldgelb backen. Den Vorgang Schicht für Schicht wiederholen, bis insgesamt sechs oder sieben Lagen gebacken sind. Die fertigen Küchlein herausnehmen und auskühlen lassen. Aus den Förmchen lösen.

Für die Glasur

Die Kuvertüre schmelzen (siehe Info Seite 102), mit dem geschmolzenen Kokosfett mischen und die Küchlein damit überziehen. Trocknen lassen.

Für die Dekoration

Die Küchlein mithilfe eines trockenen, weichen Backpinsels mit etwas Goldpuder bestauben. Nach Belieben mit Schokoröllchen dekorieren.

Zitronenküchlein

ERGIBT 8 STÜCK
Zubereitung: etwa 30 Minuten | Backzeit: 22–23 Minuten | Backtemperatur: 220 °C Ober-/Unterhitze
Silikon-Backmatte mit 8 Vertiefungen in Mini-Kastenform

Für den Teig
100 g Mehl (Type 405)
1 g Backpulver
50 g zimmerwarme Süßrahmbutter
50 g Speisestärke
1 g Salz
4 TL Abrieb von 1 unbehandelten Zitrone
50 g Vollei
50 g Zucker

Für die Dekoration
8 Zitronenscheiben
Puderzucker

Für den Teig

Das Mehl mit dem Backpulver mischen, in eine Schüssel sieben und beiseitestellen. In einer Rührschüssel die Butter, die Speisestärke, das Salz und den Zitronenabrieb mit dem Handrührgerät aufschlagen, bis die Butter hell und cremig ist. In einer weiteren Schüssel die Eier und den Zucker mit dem Handrührgerät schaumig schlagen, bis die Masse fluffig und steif ist. Die Eiermasse mit einem Gummispatel vorsichtig unter die Buttermasse rühren. Zuletzt die Mehl-Backpulver-Mischung unterheben, bis das Mehl nicht mehr sichtbar ist.

Den Teig in einen Spritzbeutel mit Lochtülle (Nr. 10; 1 cm Ø) geben und auf die Kastenförmchen verteilen (etwa 35 g pro Förmchen). Im vorgeheizten Ofen bei 220 °C etwa 8 Minuten anbacken. Kurz herausnehmen und mit einem kleinen, nassen Küchenmesser die Mitte der Küchlein vorsichtig längs anritzen bzw. anschneiden. Zurück in den Ofen geben und in weiteren 14-15 Minuten fertig backen. Wenn die Küchlein eine hellgoldene Backfarbe haben, herausnehmen und abkühlen lassen. Erst wenn sie fast abgekühlt sind, aus der Backmatte stürzen.

Für die Dekoration

Die Zitronenscheiben auf ein mit einer Backmatte bedecktes Backblech legen, mit Puderzucker bestauben und im auf 100 °C vorgeheizten Backofen 1 Stunde trocknen.

Die Küchlein mit Puderzucker bestauben und mit je einer Zitronenscheibe dekorieren.

Tipp: Zitronenküchlein passen das ganze Jahr über auf den Kaffeetisch. Frisch schmecken sie am besten, aber sie können auch problemlos bis zu 4 Wochen eingefroren werden.

»Mamas Best« –
Mein Lieblings-Marmorkuchen

ERGIBT 1 GROSSEN ODER 2 KLEINE GUGELHUPFE BZW. 14–16 PORTIONEN

Zubereitung: etwa 1 Stunde | Anbackzeit: 10 Minuten | Backtemperatur zum Anbacken: 230 °C
Ober-/Unterhitze | reguläre Backzeit: 40–50 Minuten | Backtemperatur: 180 °C Ober-/Unterhitze
1 große Gugelhupfform mit 28 cm Ø oder 2 kleine Gugelhupfformen à 18 cm Ø

Für den hellen Teig

250 g zimmerwarme Süßrahmbutter,
   mehr für die Form
375 g Zucker
Mark von 1 Vanilleschote
60 g Eigelb
500 g Mehl (Type 405), mehr für die Form
15 g Backpulver
180 g Milch
90 g Eiweiß

Für den Schokoladenteig

45 g Kakaopulver (z. B. Valrhona)
40 g Zucker
80 g Milch

Für die Aprikotur

100 g Aprikosenkonfitüre
30 g Wasser

Für die Schokoladenfondantglasur

250 g flüssiger Fondant (siehe Seite 310)
20 g Wasser
50 g bittere Kuvertüre (z. B. Valrhona
   Caraibe mit 66 % Kakaoanteil)

Für den hellen Teig

In einer Rührschüssel die Butter, den Zucker und das Vanillemark mit dem Handrührgerät schaumig rühren. Das Eigelb nach und nach dazugeben und so lange aufschlagen, bis die Butter-Eigelb-Masse schaumig und fluffig geschlagen ist. Das Mehl mit dem Backpulver mischen und abwechselnd mit der Milch unterrühren. Das Eiweiß in einer weiteren Rührschüssel mit dem Handrührgerät steif schlagen und vorsichtig mit einem Gummischaber unter die Teigmasse heben.

Für den Schokoladenteig

Etwa 500 g vom hellen Teig abnehmen und in eine separate Schüssel geben. Das Kakaopulver mit dem Zucker mischen und vorsichtig in die Milch einrühren, bis der Schokoladenmix klumpenfrei ist. Dann zum abgenommenen hellen Teig geben und unterrühren.

(Fortsetzung auf Seite 112)

Ein Drittel des hellen Teiges in die gefettete und mit Mehl bestaubte Gugelhupfform geben. Dann den Schokoladenteig als zweite Schicht in die Form geben und mit dem restlichen hellen Teig bedecken. Mit einer Gabel ein paar Mal in den Teig stechen und dabei jedes Mal die Gabel drehen, sodass schöne Muster im Teig entstehen.

Den Kuchen im vorgeheizten Ofen bei 230 °C für etwa 10 Minuten anbacken. Dann kurz herausnehmen und den Teig mit einem kleinen, nassen Messer rundum in der Mitte einritzen. Wieder zurück in den Ofen geben, die Temperatur auf 180 °C reduzieren und in 40-50 Minuten fertig backen. Die Garprobe machen (siehe Info). Sofort aus dem Ofen nehmen und in der Form vollständig abkühlen lassen, dann erst aus der Form stürzen.

Für die Aprikotur

Die Aprikotur zubereiten (siehe Info Seite 89) und mit einem Pinsel dünn auf den Kuchen auftragen. Die Aprikotur trocknen lassen, bevor die Schokoladenglasur aufgetragen wird.

Für die Schokoladenfondantglasur

Den flüssigen Fondant in einen Topf geben und mit dem Wasser unter ständigem Rühren auf etwa 40 °C erwärmen. Die Kuvertüre schmelzen (siehe Info Seite 102), einrühren und die Glasur auf 40 °C (mit einem Küchenthermometer messen!) halten. Den Kuchen auf ein Kuchengitter setzen und die Glasur darüber gießen. Abtropfen lassen und vor dem Servieren trocknen lassen.

Info: Zur Garprobe bei großen Sandmassen ein Holzstäbchen in die Mitte des Teiges stecken, ansonsten ein Messer verwenden und die Spitze einstechen. Bleibt beim Herausziehen kein Teig daran haften, ist der Kuchen gar, andernfalls noch einige Minuten weiterbacken.

Das ist der allererste und beste Kuchen aus meinen Kindheitserinnerungen. Diesen Marmorkuchen gab es jeden Samstag frisch von Mama gebacken und von Papa mit Zuckerglasur liebevoll glasiert. Am besten hat er mir geschmeckt, wenn er noch nicht ganz fertig gebacken und innen noch recht feucht war. Wenn niemand da war, habe ich in der Küche heimlich ein kleines Stück abgebrochen, und dann noch eines, bis irgendwann nichts mehr übrig blieb … Als ich dann alt genug war, begann auch ich, den herrlichen Kuchen nachzubacken.

Meine Zeit in London

Dutch Clogs?! Dutch Clocks!

Es gibt in einem Pastry-Chef-Leben selbstverständ-
lich nicht nur Schokoladenseiten. Natürlich ist auch
mir schon mal etwas Peinliches passiert, was einem
Executive Pastry Chef allerdings nicht zu oft passieren sollte. Eine kleine Anekdote möchte ich Ihnen
jedoch nicht vorenthalten:

Ins Londoner »Grosvenor House« kamen häufig
große VIP-Delegationen, die wichtige Events bei
uns veranstalteten. Das Management war dann
immer ganz besonders darauf bedacht, diese illus-
tren Gäste sehr zu verwöhnen - zum Beispiel mit
Überraschungstorten oder anderen üppigen Schaustücken. Meist bekommt der Executive Pastry Chef
solche Sonderaufträge last minute und muss sie
dann unter Hochdruck umsetzen. So auch einmal
bei einer Delegation aus den Niederlanden, die uns
kurzfristig angekündigt wurde. Der General Manager rief mich in sein Büro und gab mir mündlich
den exklusiven VIP-Auftrag, 30 elegante »Dutch
Clogs« aus Schokolade anzufertigen.

Diesen Auftrag fand ich überaus witzig. Ich freute
mich schon, die süßen Holzschuhe aus Schokolade zu
modellieren. Nach mehreren Stunden konzentrierter
Handarbeit nahmen die Holzschühchen richtig Form
an und waren auch schon fast fertig. Am nächsten
Morgen ganz früh wollte ich die Schuhe nur noch mit
zusätzlicher Schokolade besprühen, um ihnen noch
den perfekten glänzenden Oberflächenlack zu verpassen. Vor meinem geistigen Auge sah ich die schönen Clogs schon auf den vielen Tellern präsentiert,
gefüllt mit Pralinen für unsere holländischen Gäste.

Plötzlich standen der General Manager, der Food
and Beverage Manager, der House Manager und der
Event Manager in der Tür, um sich einen ersten Ein-
druck von den Schaustücken zu verschaffen. Stolz
führte ich die Herren zu den schönen Schuhen und
schaute unseren General Manager erwartungsvoll
an. Als ich jedoch seine Gesichtszüge entgleisen
sah, wurde mir heiß und kalt und ich wurde schlag-
artig ganz nervös.

Er fragte: »What is that?« Begeisterung sieht anders
aus. Oh weh … Was war nur passiert? Ich erklärte,
dass das die »Dutch Clogs« waren, die er bei mir bestellt hatte. Er war schockiert. Augenblicklich erklärte
er mir, dass er »Dutch Clocks« und nicht »Clogs« ge-
meint hatte. Ich bin ganz sicher dunkelrot geworden.

Für die Fertigung der eigentlich bestellten Uhren -
die übrigens den Schwarzwälder Uhren ähnlich
sind - blieb keine Zeit und so bat er mich, so schnell
wie möglich 30 kleine Schokoladen-Windmühlen
herzustellen. Ich war wahrlich verzweifelt, aber ich
sagte mir: »Beate, das schaffst du!« Ich hatte nur noch
fünf Stunden Zeit. Am Ende konnte ich (gerade noch
einigermaßen pünktlich) die Schokoladen-Windmühlen auf den Petit-Four-Tellern platzieren.

Ein Fabergé-Ei aus Schokolade

Das wohl spektakulärste Schokoladenprojekt habe
ich 2008 in London im »Grosvenor House« umgesetzt.
Eines Tages kam der General Manager mit der Idee
auf mich zu, zu Ostern ein tolles Schaustück für die
Lobby zu machen. Anlässlich der jährlich im Hotel
stattfindenden Kunstmesse »The Grosvenor House

Art & Antiques Fair« schwebte unserem General Manager ein Fabergé-Ei aus Schokolade vor. Er gab mir einen Kunstkatalog, aus dem ich mir das Ei heraussuchen sollte, das ich für »nachmachbar« hielt.

Ich entschied mich für das weltberühmte und prächtige »Napoleonische Ei« von 1912 - damals ein Geschenk des Zaren Nikolaus II. an seine Mutter. Mein Plan war, es aus 40 Kilogramm feinster Schokolade in kulinarischer und optischer Vollkommenheit zu kopieren. Ein Augen- und Gaumenschmaus par excellence.

Ich begann mein Projekt sechs Wochen vor Ostern und arbeitete jeden Tag nach meinem regulären und sehr fordernden Job an dem großen Werk. Dabei temperierte ich mit der Hand viele Kilo feinste französische Kuvertüre und stellte zuerst das große Ei, dann die vielen kleinen Gold-und Silberornamente und Verzierungen her. Für mein Werk benötigte ich 70 Arbeitsstunden und etwa 40 Kilogramm teuerste Valrhona-Kuvertüre. Die Kosten beliefen sich auf etwa 7 000 Euro! Nachdem ich das letzte Silber an dem Ei angebracht hatte, war es vollbracht - da stand es vor mir: das große Fabergé-Ei, originalgetreu nachgebildet im XXXL-Format. Mit diesem Ergebnis hatte selbst der General Manager nicht gerechnet und war entsprechend sprachlos.

Inspiriert davon entschloss er sich, mich mit 5000 Britischen Pfund Bargeld in der Tasche nach Brügge

in Belgien zu schicken, um dort die besten kleinen Ostereier einzukaufen. Diese Eier sollten dann zur Osterzeit um das Fabergé-Ei gelegt werden, damit sich die Hausgäste dort frei bedienen konnten.

Mit dem Eurocity reiste ich also von London nach Brügge, und mit dem vielen Bargeld besuchte ich die 15 besten Confiserien der Stadt und deckte mich jeweils mit einer Auswahl an Schokoladenostereiern ein, die ich abends im Hotelzimmer verkostete. Bei dieser Menge kam selbst ich an meine süßen Grenzen ... Die sechs besten Hersteller wurden am nächsten Tag mit einem Großauftrag von mir beglückt und schickten die ausgesuchten Eier rechtzeitig ins Hotel.

Und dann war es so weit: Das fertige Fabergé-Ei konnte rechtzeitig vor Ostern in der Hotellobby präsentiert werden. Aber zunächst mussten wir es tatsächlich zu viert heben, da es unglaublich schwer war. Beim Transport von der Patisserie in die Lobby habe ich Todesängste ausgestanden - eine falsche Bewegung, und das Schmuckstück wäre in Sekundenschnelle zerstört gewesen.

Die Präsentation »meines« Fabergé-Eies löste einen riesigen Medienrummel aus, weltweit berichteten Hunderte von Nachrichtensendern und Zeitungen darüber und Schaulustige kamen extra in das Hotel, nur um das Ei zu bewundern. Das Hotel war mächtig stolz auf das fantastische Werk und seine Executive Pastry Chefin, die es selbst kaum fassen konnte.

Beate Wöllstein mit ihren 30 handgefertigten schokoladenen »Dutch Clogs«, 2008 in London. (links)

2008 im »Grosvenor House« in London, in der Backstube bei der Herstellung des großen Schokoladenschaustücks. Beate Wöllstein verarbeitet 40 Kilo Valrhona-Schokolade zum berühmten Napoleonischen Fabergé-Ei (Mitte und rechts)

2 TORTEN

Ich liebe Torten! Daher ist dies mein unbestreitbares Lieblingskapitel! Von neu interpretierten klassischen Torten bis hin zu raffinierten Eigenkreationen wie z. B. der »Salt 'n' Chocolate« oder »Wöllsteins Erdbeertraum« finden Sie hier eine reichliche Auswahl. Tauchen Sie ein in die Welt der wirklich tollen Torten! Nehmen Sie sich Zeit beim Backen und Dekorieren, denn aufwendig, festlich oder einfach nur mit bunten Früchten geschmückt, kommt Ihr Kunstwerk gleich doppelt gut an. Viel Spaß beim Nachbacken und Genießen!

New York Cheesecake

ERGIBT 10 PORTIONEN
Zubereitung: etwa 60 Minuten | Backzeit: 40–50 Minuten | Backtemperatur: 110 °C Umluft
Backring mit 18 cm Ø und 4 cm Randhöhe

Für den Bröselboden
115 g Digestive Biskuits
   (oder Vollkornbutterkekse)
75 g Süßrahmbutter
65 g Zucker

Für die Cheesecake-Creme
225 g Frischkäse
   (Doppelrahmstufe; siehe Tipp)
75 g Zucker
Mark von ½ Vanilleschote
65 g Vollei
75 g Sauerrahm

Für das Sauerrahm-Topping
160 g Sauerrahm
10 g Puderzucker
Mark von ⅓ Vanilleschote

Für die Dekoration
100 g gemischte Beeren

Für den Bröselboden
Die Digestive Biskuits in einen Gefrierbeutel geben und mit dem Rollholz fein zerbröseln. In eine Schüssel geben. Die Butter in einem kleinen Topf zerlassen und über die Brösel gießen. Den Zucker hinzufügen und alles gut vermischen. Den Backring auf ein mit Backpapier belegtes Backblech stellen, die Brösel gleichmäßig einfüllen und einen Boden und Rand formen.

Für die Cheesecake-Creme
In einer Rührschüssel den Frischkäse mit dem Zucker und dem Vanillemark schaumig rühren. Die Eier einrühren und nochmals schaumig rühren. Den Sauerrahm dazugeben und die Masse erneut kurz aufschlagen. Die Creme auf den Bröselboden geben und im vorgeheizten Ofen bei 110 °C Umluft 40-50 Minuten backen. Der Kuchen ist fertig, sobald die Masse nicht mehr flüssig ist und beim Anstupsen nur noch starr federt. Herausnehmen und abkühlen lassen.

Für das Sauerrahm-Topping und die Dekoration
In einer Schüssel den Sauerrahm mit dem Puderzucker und dem Vanillemark mit dem Schneebesen glatt rühren. Das Topping auf den Cheesecake geben und mit einer Palette glatt streichen. Mit den Beeren dekorieren.

Tipp: Verwenden Sie am besten Frischkäse mit Doppelrahmstufe. Der hohe Fettgehalt lässt den Cheesecake schön cremig werden.

Als ich in Dubai bei der Fluggesellschaft Emirates arbeitete, habe ich diesen Kuchen nach amerikanischem Rezept als Nachtisch im Rahmen des Flugzeugmenüs serviert. Er war wegen des erfrischenden Cream-Cheese-Toppings und der vielen gesunden Zutaten immer sehr beliebt.

Carrot and Pineapple Cake

ERGIBT 12 PORTIONEN
Zubereitungszeit: etwa 1 ½ Stunden | Backzeit Anbacken: 10 Minuten |
Backtemperatur Anbacken: 210 °C Ober-/Unterhitze | reguläre Backzeit: 70–80 Minuten |
reguläre Backtemperatur: 160 °C Ober-/Unterhitze
Backring mit 18 cm Ø

Für den Teig
100 g zimmerwarme Süßrahmbutter
250 g Zucker
7 g gemahlener Zimt
3 g Salz
Mark von 1 Vanilleschote
3 g Abrieb von 1 unbehandelten Zitrone
150 g Vollei
250 g Mehl (Type 405) | 10 g Backpulver
250 g Ananaswürfel (½ cm)
250 g Karotten, geraspelt
75 g Kokosraspel
75 g Walnüsse, grob gehackt

Für das Topping
400 g Frischkäse (Doppelrahmstufe)
200 g Puderzucker, gesiebt
200 g zimmerwarme Süßrahmbutter
25 g Orangensaft
orangefarbene Lebensmittelfarbe (Pulver)

Für die Dekoration
Ananasstücke (nach Belieben mit Schale)
Karottenscheiben
Walnusshälften
Kokosraspel

Für den Teig
Die Butter, den Zucker, den Zimt, das Salz, das Vanillemark und den Zitronenabrieb schaumig
rühren. Das Ei dazugeben und die Masse nochmals aufschlagen. Das Mehl und das Backpulver
in eine Schüssel sieben und mit der Ananas, den Karottenraspeln, den Kokosraspeln und den
gehackten Walnüssen mischen. Diese Mischung vorsichtig unter die Buttermasse rühren.

Den Backring einschlagen (siehe Seite 38) und den Teig hineingeben. Im vorgeheizten Ofen
bei 210 °C etwa 10 Minuten anbacken. Die Temperatur auf 160 °C reduzieren und den Kuchen
in 70–80 Minuten fertig backen. Die Garprobe machen (siehe Info Seite 112). Herausnehmen.

Für das Topping
In einer Rührschüssel den Frischkäse und den gesiebten Puderzucker mit dem Handrührgerät
bei mittlerer Stufe schaumig rühren. Die Butter dazugeben und erneut kurz aufschlagen. Den
Orangensaft hinzufügen und so lange rühren, bis die Masse homogen und schaumig ist. Dann
mit etwas Lebensmittelfarbe einfärben, bis die Creme einen leichten Orangeton hat.

Für die Dekoration
Den ausgekühlten Kuchen aus dem Ring lösen und zweimal quer durchschneiden. Die beiden un-
teren Böden mit je einem Drittel des Toppings bestreichen und aufeinandersetzen. Den dritten
Boden obenauf legen und mit dem restlichen Topping bestreichen. Mit den Ananasstücken, den
Karottenscheiben und den Walnüssen dekorieren und mit den Kokosraspeln bestreuen.

Pumpkin Pie (für Glenn Close)

ERGIBT 8–10 PORTIONEN

Zubereitung: 2 Stunden | Backzeit Mürbeteigschale: 18–20 Minuten | Backtemperatur Mürbeteigschale:
200 °C Ober-/Unterhitze | Backzeit Pie: 35–40 Minuten | Backtemperatur Pie: 160 °C Umluft
Backring mit 18 cm Ø und 4 cm Randhöhe

Für die Mürbeteigschale
220 g Vanillemürbeteig
  (Grundrezept siehe Seite 22)
Fett für den Backring
Reis zum Blindbacken (siehe Seite 21)

Für die Pumpkin-Füllung
700 g Kürbisfruchtfleisch
  (frisch oder tiefgekühlt)
250 g gesüßte Kondensmilch
100 g Vollei
60 g Eigelb
1 Prise frisch geriebene Muskatnuss
3 g gemahlener Zimt
1 g gemahlener Ingwer
¼ TL frisch gemahlener Pfeffer
3 g Salz

Für die Aprikotur
50 g Aprikosenkonfitüre
20 g Wasser

Für die Dekoration
70 g Modelliermarzipan (siehe Seite 310)
Puderzucker zum Verarbeiten
1 Erdbeere, mit Kelch längs halbiert
½ Pfirsich, in Spalten geschnitten
1 Johannisbeerrispe
2 Himbeeren
1 Brombeere, längs halbiert
½ Feige, längs geteilt
¼ Tamarillo mit Stiel
½ Kiwi, geschält und in
  Scheiben geschnitten
½ Scheibe Ananas, geschält
2 Blaubeeren
½ Blatt Blattgold

Diesen wunderbaren Pumpkin Pie habe ich 2006 anlässlich des Besuches von Glenn Close und ihrer Tochter Annie Maude Starke bei uns im Hotel im »The Dorchester London« kreiert. Glenn Close hatte sich für ihre Tochter, die bei uns ihren 18. Geburtstag feierte, diesen Pumpkin Pie gewünscht. Annie Maude hatte sich sehr gefreut über diesen leckeren Pie. Darauf bin ich noch heute sehr stolz!

(Fortsetzung auf Seite 124)

Für die Mürbeteigschale

Den Mürbeteig mit einem Rollholz 4 mm dick und etwas größer als der Backring ausrollen. Den gefetteten Backring auf ein mit Backpapier belegtes Backblech setzen, mit dem Teig auslegen und den Teig im vorgeheizten Ofen bei 200 °C 18-20 Minuten blindbacken (siehe auch Seite 21). Dabei nach etwa 15 Minuten den Reis herausnehmen und die Mürbeteigschale in weiteren 4-5 Minuten fertig backen, bis sie eine goldgelbe Backfarbe hat.

Für die Pumpkin-Füllung

Das Kürbisfleisch in einen Topf geben und mit Wasser bedecken. Zum Kochen bringen und etwa 5 Minuten köcheln lassen, bis das Kürbisfleisch weich ist. Vom Herd nehmen. Den Kürbis durch ein Sieb abseihen und abtropfen lassen. Danach in eine Rührschüssel geben, die Hälfte der Kondensmilch hinzufügen und den Kürbis mit dem Pürierstab pürieren. In einer weiteren Schüssel die Eier mit dem Eigelb cremig rühren, dann zum Kürbispüree dazugeben. Die Masse mit dem Handrührgerät gut durchrühren. Die restliche Kondensmilch und alle Gewürze hinzufügen und unterrühren.

Die Füllung in die vorgebackene Mürbeteigschale geben und die Pie im vorgeheizten Ofen bei 160 °C Umluft 35-40 Minuten backen. Sobald die Füllung beim Anstupsen nicht mehr wackelt, sofort aus dem Ofen nehmen und abkühlen lassen.

Für die Aprikotur

Die Aprikotur zubereiten (siehe Info Seite 89) und die Oberfläche der Pie mit einem Teil der Aprikotur bestreichen (den Rest beiseitestellen).

Für die Dekoration

Das Modelliermarzipan auf einer mit Puderzucker bestaubten Backmatte zu einer etwa 60 cm langen Rolle mit 1 cm Ø formen und mit dem Finger etwas platt drücken. Die Marzipanrolle um die Außenseite der Pie legen, behutsam andrücken und mit einem Modellierholz kleine Tatzen eindrücken.

Mit dem Gasbrenner (siehe Info) vorsichtig (!) abflämmen.

Die Pie mit den Früchten und dem Blattgold dekorieren. Die angeschnittenen Früchte mit der restlichen Aprikotur glasieren.

Info: Zum Abflämmen leistet ein einfacher, preiswerter Gasbrenner (z.B ein kleiner Handgasbrenner für den Campingbedarf) gute Dienste. Natürlich kann aber auch ein Gourmetbrenner verwendet werden.

Frankfurter Kränzchen

ERGIBT 12 STÜCK

Zubereitung: etwa 2 ½ Stunden | Backzeit: etwa 15 Minuten | Backtemperatur: 200 °C Ober-/Unterhitze
Silikon-Backmatte mit 12 Vertiefungen in Kranzform à 7 cm Ø

Für den Biskuit

95 g zimmerwarme Süßrahmbutter,
    mehr für die Förmchen
110 g Zucker
½ TL Abrieb von 1 unbehandelten Zitrone
150 g Vollei
80 g Mehl (Type 405),
    mehr für die Förmchen
70 g Speisestärke
4 g Backpulver

Für den Vanillesirup

175 g Zucker
175 g Wasser
Mark von 1 Vanilleschote

Für das Himbeergelee

150 g Himbeerpüree (siehe Info Seite 97)
15 g Zucker
20 g Speisestärke
15 g kaltes Wasser

Für den Aufbau

400 g Deutsche Buttercreme
    (Grundrezept siehe Seite 54)
240 g Krokantstreusel (Fertigprodukt)

Für die Dekoration

24 frische Himbeeren
frische Minzeblätter

Für den Biskuit

In einer Rührschüssel die Butter mit dem Zucker und dem Zitronenabrieb schaumig schlagen. Die Eier nach und nach einrühren und wieder schaumig schlagen, bis die Masse fluffig ist. Das Mehl, die Speisestärke und das Backpulver mischen und sieben, dann kurz unter die Buttermasse rühren.

Den Teig in einen Spritzbeutel mit Lochtülle (Nr. 10; 1 cm Ø) geben und auf die Silikonförmchen verteilen (siehe Abb. 1); diese auf ein Backblech setzen. Die Biskuits im vorgeheizten Ofen bei 200 °C in etwa 15 Minuten goldgelb backen. Herausnehmen, aus den Förmchen stürzen und auskühlen lassen. Anschließend die Biskuits mit einem scharfen Sägemesser quer in drei gleich dicke Scheiben schneiden (siehe Abb. 2).

(Fortsetzung auf Seite 129)

Für den Vanillesirup

Den Zucker, das Wasser und das Vanillemark in einen Topf geben, aufkochen und 2-3 Minuten köcheln lassen. Den Sirup vom Herd nehmen und abkühlen lassen.

Für das Himbeergelee

Das Himbeerpüree in einen Topf geben und aufkochen. In einer Schüssel den Zucker, die Speisestärke und das Wasser mit einem kleinen Schneebesen verrühren. Sobald das Püree kocht, die Stärkemischung zügig mit dem Schneebesen in die heiße Masse rühren (siehe Abb. 3). Sobald die Masse andickt, vom Herd nehmen und noch etwa 30 Sekunden weiterrühren. Abkühlen lassen und in einen Spritzbeutel füllen.

Für den Aufbau und die Dekoration

Die Buttercreme in einen weiteren Spritzbeutel geben und beiseitelegen. Die Biskuitküchlein auseinandernehmen und jede Scheibe mit dem Vanillesirup bestreichen (siehe Abb. 4). Jeweils auf die beiden unteren Biskuitringe einen dicken Buttercremering spritzen. Darauf je einen Himbeergeleering spritzen, dann die Scheiben wieder passgenau aufeinander setzen (siehe Abb. 5-7). Anschließend mithilfe einer kleinen Palette die Küchlein rundum mit der restlichen Buttercreme (ein wenig zum Dekorieren zurückbehalten) einstreichen und mit den Krokantstreuseln ummanteln (siehe Abb. 8-9). Die zurückbehaltene Buttercreme in einen Spritzbeutel mit Sterntülle (Nr. 6; 6 mm Ø) füllen und je vier kleine Cremerosetten obenauf spritzen. Die Kränzchen mit frischen, halbierten Himbeeren und mit Minzeblättchen dekorieren.

Tipp: Frankfurter Kränzchen können gut auf Vorrat hergestellt und ohne Beeren und Minze bis zu 4 Wochen eingefroren werden.

Sachertorte

ERGIBT 12 PORTIONEN

Zubereitung: 1–1½ Stunden plus 3 Stunden zum Trocknen der Torte | Backzeit: etwa 1 Stunde |
Backtemperatur: 175 °C Ober-/Unterhitze
Backring mit 15 cm Ø

Für den Sacherboden

50 g Mehl (Type 405)
120 g Mandeln, gerieben
100 g zimmerwarme Süßrahmbutter,
   mehr für den Backring
110 g Puderzucker
Mark von ½ Vanilleschote
100 g Eigelb
125 g bittere Kuvertüre (z. B. Valrhona
   Caraibe mit 66 % Kakaoanteil)
120 g Eiweiß

Für die Aprikotur

125 g Aprikosenkonfitüre
30 g Wasser

Für die Schokoladenglasur

70 g bittere Kuvertüre (z. B. Valrhona
   Caraibe mit 66 % Kakaoanteil)
210 g Zucker
45 g Kakaopulver (z. B. Valrhona)
85 g Wasser

Für die Dekoration

Schokoladendekor nach Wahl
   (siehe Seite 102)

Zunächst den Backring in eine Lage Backpapier (30 x 30 cm) einschlagen (siehe Seite 38) und den Rand fetten. Einen Backpapierstreifen mit 10 x 60 cm zurechtschneiden und in den Backring stellen. Den Backring auf ein Backblech setzen.

Für den Sacherboden

Das Mehl in eine Schüssel sieben, mit den Mandeln mischen und beiseitestellen. In einer Rührschüssel die Butter, 35 g Puderzucker und das Vanillemark mit dem Handrührgerät aufschlagen. Nach und nach das Eigelb dazugeben und die Masse schaumig schlagen. Die Kuvertüre schmelzen (siehe Info Seite 102), hinzufügen und unterrühren. In einer weiteren Rührschüssel das Eiweiß mit dem restlichen Puderzucker (75 g) steif schlagen, dann mit einem Gummispatel vorsichtig unter die Buttermasse heben. Die Mehl-Mandel-Mischung dazugeben und mit dem Gummispatel vorsichtig unterrühren, sodass die Masse nicht zusammenfällt.

Die Masse in den vorbereiteten Backring geben und im vorgeheizten Ofen bei 175 °C etwa 1 Stunde backen. Herausnehmen und auskühlen lassen, dann mit einem glatten Messer aus dem Ring lösen. Mit einem scharfen Sägemesser waagerecht halbieren und die beiden Böden zum Befüllen aufklappen (siehe Abb. 1).

(Fortsetzung auf Seite 132)

Für die Aprikotur

Die Aprikotur zubereiten (siehe Info Seite 89). Mit einer Schöpfkelle die Hälfte davon als Füllung auf den unteren Biskuitboden geben und mit einer Palette glatt streichen. Den zweiten Biskuitboden auflegen. Die Torte rundum mit der restlichen Aprikotur bestreichen (siehe Abb. 2) und für etwa 3 Stunden im Kühlschrank trocknen lassen (siehe Tipp).

Für die Schokoladenglasur

Die Kuvertüre, den Zucker und das Kakaopulver in einen kleinen Topf geben. Das Wasser einrühren und die Mischung auf 105 °C (mit einem Thermometer messen!) aufkochen (siehe Abb. 3). Dabei den Topfrand mit einem Pinsel und etwas Wasser sauber waschen, damit die Glasur nicht auskristallisiert. Vom Herd nehmen und zwei Drittel der Glasur auf eine kalte Arbeitsfläche gießen. Mit einem Spachtel kalt tablieren (siehe Seite 311), bis die Masse zäh wird (siehe Abb. 4). Zurück zur restlichen, noch heißen Glasur geben und gut durchrühren. Sobald die Glasur zähfließend ist, die Sachertorte aus dem Kühlschrank nehmen, auf ein Kuchengitter stellen und die Glasur darübergießen (siehe Abb. 5). Mit einer Palette glatt streichen und abtropfen lassen (siehe Abb. 6).

Für die Dekoration

Die Torte mit Schokoladendekor nach Wahl dekorieren.

Tipp: Backen Sie idealerweise den Sacherboden bereits am Vortag, dann ist er stabiler. Man kann die Torte dann auch gleich mit der Aprikosenglasur bestreichen und über Nacht trocknen lassen.

Wöllsteins Prinzregentinnen-Torte

ERGIBT 2 TORTEN BZW. 2 X 6 PORTIONEN

Zubereitung: etwa 2 Stunden plus 30 Minuten zum Abkühlen der Buttercreme und 1–2 Stunden
zum Gefrieren der Torte | Backzeit: 7 Minuten pro Blech | Backtemperatur: 220 °C Ober-/Unterhitze

Für die Regentinnenmasse
115 g Mehl (Type 405)
50 g Speisestärke
400 g Vollei
135 g Zucker, mehr zum Bestreuen
55 g Süßrahmbutter

Für die Tränke
165 g Zucker
165 g Wasser
200 g Kakaolikör

Für die Schokoladenbuttercreme
200 g Süßrahmbutter
335 g Milch

40 g Eigelb
165 g Zucker
30 g Speisestärke
30 g Kakaopulver (z. B. Valrhona)
Mark von ½ Vanilleschote
80 g bittere Kuvertüre (z. B. Valrhona
    Araguani mit 72 % Kakaoanteil)

**Für den Schokoladenumhang
(siehe auch Info)**
400 g bittere Kuvertüre (z. B. Valrhona
    Araguani mit 72 % Kakaoanteil)
10 g Kakaopulver (z. B. Valrhona)

Für die Regentinnenmasse

Auf mehrere Lagen Backpapier insgesamt 14 Rechtecke mit je 10 x 21 cm aufzeichnen; je eine
Lage Backpapier auf ein Backblech legen. Das Mehl und die Speisestärke mischen, sieben und
beiseitestellen. In einer Rührschüssel die Eier und den Zucker auf dem Wasserbad mit dem
Schneebesen auf etwa 40 °C lauwarm aufschlagen. Vom Wasserbad nehmen und in der Küchenmaschine auf höchster Stufe wieder kalt schlagen, bis die Masse cremig-fest wird. In der
Zwischenzeit die Butter zerlassen und beiseitestellen. Die Mehl-Speisestärke-Mischung vorsichtig mit einem Gummispatel unter die Eiermasse heben. Sobald das Mehl nicht mehr sichtbar ist, die heiße Butter in dünnem Strahl einlaufen lassen und ganz vorsichtig einrühren, sodass die Masse nicht zusammenfällt.

Die Masse mit dem Teigschaber auf die vorgezeichneten Rechtecke verteilen und mit einer Winkelpalette dünn und gleichmäßig aufstreichen. Nacheinander im vorgeheizten Ofen bei 220 °C in
7 Minuten goldgelb backen. Die Biskuits aus dem Ofen nehmen und mit etwas Zucker bestreuen.
Eine Lage Backpapier obenauf legen und die Biskuits zum Auskühlen umdrehen. Sobald die Biskuits kalt sind, vorsichtig das Backpapier abziehen. Mit einem Sägemesser die Kanten der Biskuitstreifen sauber auf je 9 x 20 cm beschneiden. Die Biskuitstreifen beiseitelegen.

Für die Tränke

Den Zucker und das Wasser in einen Topf geben und umrühren. Zum Kochen bringen und in etwa 3 Minuten zu einem Sirup kochen. Vom Herd nehmen und den Sirup (es sollten 260 g sein) abkühlen lassen. Mit dem Likör mischen und beiseitestellen.

Für die Schokoladenbuttercreme

In einer Rührschüssel die Butter schaumig rühren und beiseitestellen. In einer Schüssel etwas von der kalten Milch mit dem Eigelb, dem Zucker, der Stärke und dem Kakaopulver vermischen. Die restliche Milch und das Vanillemark in einen Topf geben und aufkochen. Sobald die Milch kocht, über die Eigelbmasse gießen. Gut verrühren und die Masse zurück in den heißen Topf geben. Nochmals umrühren und wieder auf den Herd stellen. Unter ständigem Rühren zum Kochen bringen, bis die Creme andickt. In eine Schüssel geben, unmittelbar auf der Oberfläche mit Frischhaltefolie abdecken und abkühlen lassen. Anschließend die abgekühlte Creme unter die schaumige Butter rühren und aufschlagen, bis die Buttercreme fluffig ist. Zuletzt die Kuvertüre schmelzen (siehe Info Seite 102) und unterrühren.

Für den Aufbau

Zwei Torten mit je sieben Biskuitstreifen aufbauen. Dazu je einen Biskuitstreifen mithilfe eines Backpinsels vorsichtig mit etwas Tränke befeuchten. Etwas der Buttercreme auf den Biskuit geben und mit einer Winkelpalette glatt streichen. Einen zweiten Biskuitstreifen darauflegen und den Vorgang wiederholen. Den letzten (siebten) Biskuit ebenfalls mit Tränke befeuchten und auflegen. Die Torten rundum mit der restlichen Buttercreme bestreichen, dann 1-2 Stunden einfrieren.

Für den Schokoladenumhang

Zwei Lagen Backpapier à 20 x 45 cm bereitlegen. Die Kuvertüre schmelzen (siehe Seite 102) und dünn auf das Backpapier aufstreichen. Je einen angefrorenen Kuchenblock in die Mitte legen und vorsichtig mit dem Schokoladenpapier umwickeln. Zurück ins Tiefkühlgerät geben. Wenn die Schokolade fest geworden ist, das Papier vorsichtig abziehen und die Torten mit Kakaopulver bestauben.

Info: Diese Schokoladenumhang-Technik, eine Erfindung von mir, ist im J.W. Marriott Hotel in London im Rahmen der Entwicklung eines neuen Desserts für eine VIP-Veranstaltung entstanden. Die Technik ist derzeit einzigartig!

Himbeer-Schokoladen-Délice

ERGIBT 2 TORTEN BZW. 2 X 6 PORTIONEN

Zubereitung: etwa 2 Stunden plus 2 Stunden Gefrierzeit für das Jelly | Backzeit für den Mürbeteig: etwa
10 Minuten | Backtemperatur für den Mürbeteig: 200 °C Ober-/Unterhitze | Backzeit für den Schokoladen-
biskuit: etwa 7 Minuten | Backtemperatur für den Schokoladenbiskuit: 230 °C Ober-/Unterhitze

Für das Limettenjelly

60 g Pfirsichpüree (siehe Info Seite 97)
135 g Wasser
65 g Limettensaft
115 g Zucker
3 g Pektin NH (siehe Seite 310)
3 g Agar-Agar (siehe Seite 310)
1 TL Limettenabrieb

Für den Mürbeteig

85 g zimmerwarme vegane Margarine
50 g Zucker
120 g Mehl (Type 405)
10 g Kakaopulver (z. B. Valrhona)

Für den Schokoladenbiskuit

12 g Rapsöl
80 g Wasser
2 g Apfelessig
100 g Zucker, mehr zum Bestreuen
65 g Mehl (Type 405)

8 g Sojamehl
16 g Kakaopulver (z. B. Valrhona)
4 g Backpulver

Für die Schokoladenmousse

250 g gut gekühlte vegane gesüßte
    Schlagcreme (30 % Fettgehalt) oder
    Vegansahne (22 % Fettgehalt)
250 g gut gekühlte Sojasahne
    (16–18 % Fettgehalt)
Mark von 1 Vanilleschote
300 g bittere Kuvertüre (z. B. Valrhona
    Araguani mit 72 % Kakaoanteil)
60 g Zucker
40 g Himbeergeist

Für den Aufbau und die Dekoration

70 g Aprikosenkonfitüre
400 g frische Himbeeren
frische Minzeblätter
Abrieb von 1 unbehandelten Limette

Für das Limettenjelly

Mit dem Jelly beginnen. Dazu das Pfirsichpüree, das Wasser und den Limettensaft in einem Topf
aufkochen. Den Zucker mit Pektin und Agar-Agar mischen und unter die kochende Flüssigkeit
rühren (siehe Abb. 1). Unter Rühren erneut kurz aufkochen lassen. Vom Herd nehmen und noch
etwas nachrühren. Den Limettenabrieb untermischen (siehe Abb. 2) und die Masse 1 cm hoch in
einen flachen Behälter einfüllen. Für etwa 2 Stunden ins Tiefkühlgerät stellen, bis das Jelly gefroren ist. Anschließend herausnehmen und gefroren mit einem scharfen Messer in 1 cm große
Würfel schneiden.

(Fortsetzung auf Seite 141)

Für den Mürbeteig

Während das Jelly gefriert, für den Mürbeteig die Margarine mit dem Zucker in einer Schüssel mit der Hand weich kneten. Das Mehl mit dem Kakaopulver mischen, hinzufügen und unterkneten. Den homogenen Teig in Frischhaltefolie wickeln und zu einer 2 cm dicken Platte flach drücken. Für etwa 1 Stunde zum Durchkühlen in den Kühlschrank geben. Anschließend den Mürbeteig auf einer Backmatte mit dem Rollholz zu einem 5 mm dicken Rechteck ausrollen. Mehrmals mit einer Gabel einstechen und zwei Streifen à 10 x 25 cm ausschneiden. Diese im vorgeheizten Ofen bei 200 °C etwa 10 Minuten backen. Herausnehmen und abkühlen lassen.

Für den Schokoladenbiskuit

Das Öl, das Wasser und den Essig in eine Schüssel geben und mit dem Handrührgerät verquirlen. In einer weiteren Schüssel alle trockenen Zutaten mischen, zur Ölmischung hinzufügen und mit dem Handrührgerät etwa 1 Minute verrühren. Die Masse auf ein mit einer Backmatte belegtes Backblech geben und mit einer Winkelpalette zu einem 22 x 26 cm großen Rechteck verstreichen. Im vorgeheizten Ofen bei 230 °C 7-8 Minuten backen. Herausnehmen und mit etwas Zucker bestreuen. Eine Lage Backpapier auflegen und den Biskuit wenden, damit er nicht austrocknet. Sobald er abgekühlt ist, das Backpapier abziehen und den Biskuit in zwei Streifen mit 10 x 25 cm schneiden.

Für die Schokoladenmousse

Die Schlagcreme, die Sojasahne und das Vanillemark in eine Rührschüssel geben und mit dem Handrührgerät halbsteif schlagen. Wieder kühl stellen. Die Kuvertüre schmelzen (siehe Info Seite 102). Den Zucker, 50 g der aufgeschlagenen Schlagcrememischung und den Himbeergeist in einer Schüssel verrühren, dann mit dem Schneebesen die flüssige Kuvertüre einrühren. Nun zügig die restliche halbsteife Schlagcrememischung vorsichtig unterheben, bis die Mousse eine homogene Konsistenz hat. Die Mousse in einen Spritzbeutel mit Lochtülle (Nr. 6; 6 mm Ø) füllen und beiseitelegen (siehe Tipp).

Für den Aufbau und die Dekoration

Für den Aufbau der beiden Schnitten die beiden Mürbeteigstreifen dünn mit der Aprikosenkonfitüre bestreichen (siehe Abb. 3). Je einen Schokobiskuitstreifen darauf platzieren (siehe Abb. 4). Die Schokoladenmousse in einen Spritzbeutel geben und in dünnen Streifen auf die Biskuits spritzen (siehe Abb. 5). Die beiden Torten mit den Himbeeren belegen und in die Zwischenräume Schokomousse-Tupfer setzen (siehe Abb. 6). Mit den Jellywürfeln, den Minzeblättern und dem Limettenabrieb dekorieren.

Tipp: Die Mousse zieht relativ schnell an, aber das macht nichts. Sie kann trotzdem gut weiterverarbeitet werden.

Erdbeer-Mandel-Torte

ERGIBT 2 TORTEN BZW. 2 X 6 PORTIONEN

Zubereitung: etwa 1 ½ Stunden plus 1–2 Stunden zum Kühlen | Backzeit: etwa 25 Minuten |
Backtemperatur: 190 °C Ober-/Unterhitze
4 Backringe mit 15 cm Ø

Für den Mandelteig

35 g Zucker
35 g Speisestärke
350 g ungesüßte Mandelmilch
1 ½ Vanilleschoten
115 g Marzipanrohmasse
70 g vegane Margarine
140 g Mandeln, gemahlen
70 g Puderzucker
45 g Vanillepuddingpulver
28 g Jamaika-Rum

Für die Erdbeer-Cremefüllung

220 g Konditorschlagcreme
  (siehe Seite 310)
2 g Agar-Agar (siehe Seite 310)
25 g kaltes Wasser
210 g Erdbeerpüree (siehe Info Seite 97),
  gekühlt
45 g Zucker
9 g Zitronensaft
Mark von ½ Vanilleschote

Für den Aufbau

600 g Erdbeeren, entkelcht
Puderzucker
essbare Blüten (z. B. Veilchen)

Für den Mandelteig

In einer Schüssel den Zucker mit der Speisestärke mischen und etwas von der kalten Mandel-milch unterrühren. Die restliche Mandelmilch in einen Topf geben. Das Mark der Vanilleschoten und die ausgeschabten Schoten hinzufügen und die Mandelmilch zum Kochen bringen. Mit dem Schneebesen die Stärkemischung einrühren und so lange rühren, bis die Creme erneut aufkocht und andickt. Vom Herd nehmen, abkühlen lassen und die Schoten entfernen.

Das Marzipan mit der Margarine glatt kneten und unter die Creme rühren. Die restlichen Zutaten für den Teig mischen und ebenfalls unterrühren. Die (nicht gefetteten!) Backringe auf ein mit Backpapier belegtes Backblech setzen, die Masse gleichmäßig darin verteilen und im vorgeheizten Ofen bei 190 °C in etwa 20 Minuten hellbraun backen. Herausnehmen und abkühlen lassen. Die Backringe säubern; zwei werden für den Aufbau wieder benötigt.

Für die Erdbeer-Cremefüllung

Die Konditorschlagcreme mit dem Handrührgerät aufschlagen und kühl stellen. In einem kleinen Topf das Agar-Agar mit dem Wasser anrühren. Das Erdbeerpüree, den Zucker, den Zitronensaft und das Vanillemark dazugeben und gut verrühren. Die Masse langsam erhitzen und dabei gut rühren, damit die Sauce nicht anbrennt. Die Erdbeermasse etwa 2 Minuten köcheln lassen, bis sich das Agar-Agar aufgelöst hat. Dann in eine kalte Schüssel umfüllen und abkühlen lassen. Sobald die Masse kalt ist, die Schlagcreme mit dem Schneebesen vorsichtig unterheben.

Für den Aufbau

Zwei Backringe mit Tortenrandfolie auslegen. Je einen Mandelboden einlegen. Etwa ein Drittel der Erdbeeren halbieren und mit der Anschnittseite an die Folie stellen. Dann die Böden mit weiteren Erdbeeren (einige zurückbehalten) belegen. Die Erdbeer-Cremefüllung mit einem Teigschaber daraufgeben und mit einer Palette glatt streichen. Je einen zweiten Mandelboden auflegen und festdrücken. Die Torte 1-2 Stunden gut durchkühlen lassen.

Vor dem Servieren den Backring sowie die Folie entfernen und die Torte mit Puderzucker bestauben. Mit den restlichen Erdbeeren und den Blüten dekorieren.

Wöllsteins »Salt 'n' Chocolate«

ERGIBT 6 PORTIONEN
Zubereitung: etwa 2 Stunden plus insgesamt 2–2 ½ Stunden Gefrierzeit für den Himbeerbruleekern und die fertige Torte sowie Kühlzeit für die Glasur über Nacht | Backzeit: 15–16 Minuten | Backtemperatur: 140 °C Ober-/Unterhitze
Backringe mit 12 bzw. 15 cm Ø

Für die Schokoladenglasur
1 Blatt Gelatine
170 g Sahne
200 g Vollmilchkuvertüre (z. B. Valrhona Jivara mit 40 % Kakaoanteil)

Für die Schokoladenmacarons
150 g plus 75 g Puderzucker, gesiebt
105 g Mandeln, gerieben
20 g Kakaopulver (z. B. Valrhona)
100 g Eiweiß
25 g Zucker

Für den Himbeerbruleekern
½ Blatt Gelatine
75 g Himbeerpüree (siehe Info Seite 97), durch ein feines Sieb passiert
30 g Vollei

20 g Eigelb
20 g Zucker
25 g Süßrahmbutter

Für die Schokoladenmousse
280 g Sahne (32 % Fettgehalt)
1 ½ Blatt Gelatine
80 g Milch
25 g Eigelb
25 g Zucker
160 g Vollmilchkuvertüre (z. B. Valrhona Jivara mit 40 % Kakaoanteil)
etwa ¼ TL Salz

Für die Dekoration
Puderzucker
80 g frische Himbeeren
1 Blatt Blattgold

Für die Schokoladenglasur

Bereits am Vortag die Gelatine in eiskaltem Wasser einweichen. In einem Topf die Sahne aufkochen. Die Kuvertüre zügig dazugeben und rühren, bis sie sich aufgelöst hat. Die Gelatine ausdrücken und schnell einrühren, bis auch sie sich aufgelöst hat. Die Glasur über Nacht kühl stellen.

Für die Schokoladenmacarons

Am nächsten Tag auf einer Lage Backpapier mit einem Filzstift zwei Ringe mit 9 bzw. 15 cm Ø aufzeichnen (siehe Abb. 1). Vom gesiebten Puderzucker 150 g abnehmen und mit den geriebenen Mandeln und dem Kakaopulver mischen. Das Eiweiß und den Zucker in einer Rührschüssel mit dem Handrührgerät steif schlagen. Den restlichen Puderzucker (75 g) nach und nach dazugeben. Das Eiweiß so lange aufschlagen, bis es sehr steif ist. Die Mandel-Kakao-Mischung hinzufügen und mit einem Spatel langsam einrühren, bis alles vermischt ist. Die Masse nicht zu stark rühren, damit nicht zu viel Luft entweicht.

(Fortsetzung auf Seite 147)

Die Macaronmasse in einen Spritzbeutel mit Lochtülle (Nr. 10; 1 cm Ø) geben und spiralförmig auf die vorgezeichneten Ringe spritzen (siehe Abb. 2). Die Macarons 20-30 Minuten bei Zimmertemperatur trocknen lassen, bis sie eine dünne Haut bekommen. Anschließend im vorgeheizten Ofen bei 140 °C auf der mittleren Schiene 15-16 Minuten backen. Sie sind fertig, wenn man mit der Palette unter die Macarons fahren kann, ohne dass sie noch kleben.

Für den Himbeerbruleekern

Ein Stück Alufolie mit einem Stück Frischhaltefolie bedecken. Den Backring mit 12 cm Ø daraufsetzen, die Folien hochschlagen. Den Rand des Backrings fetten. Die Gelatine in eiskaltem Wasser einweichen. In einem Topf das Himbeerpüree aufkochen. In einer Schüssel das Ei, das Eigelb und den Zucker mit dem Schneebesen cremig rühren. Zum kochenden Himbeerpüree dazugeben und zur Rose abziehen (siehe Seite 311), d.h. so lange rühren, bis die Masse bei etwa 85 °C andickt. Den Topf vom Herd nehmen und die ausgedrückte Gelatine mit dem Schneebesen einrühren. Zuletzt die Butter einrühren. Die Masse in den vorbereiteten Backring geben (siehe Abb. 3) und im Tiefkühlgerät 1-2 Stunden gefrieren lassen. Dann den gefrorenen Kern mit einem Gasbrenner (siehe Info Seite 125) vorsichtig aus dem Ring lösen und tiefkühlen.

Für die Schokoladenmousse

In einer Rührschüssel die Sahne steif schlagen und im Kühlschrank beiseitestellen. Die Gelatine in eiskaltem Wasser einweichen. In einem Topf die Milch aufkochen. In einer Schüssel das Eigelb und den Zucker mit dem Schneebesen cremig rühren. Die kochende Milch über die Eigelbmasse gießen, unterrühren und die Masse zurück in den Topf geben. Wieder auf den Herd stellen und unter ständigem Rühren zur Rose abziehen. Den Topf vom Herd nehmen. Die Kuvertüre zügig dazugeben und rühren, bis sie sich aufgelöst hat. Die Gelatine gut ausdrücken und mit einem Schneebesen einrühren, bis auch sie sich aufgelöst hat. Die Masse auf etwa 30 °C abkühlen lassen, dann so viel Salz hinzufügen, bis sie leicht salzig schmeckt. (Dabei bedenken, dass durch die Zugabe der Sahne der Salzgeschmack wieder reduziert wird.) Die kalte Schlagsahne dazugeben und vorsichtig mit dem Schneebesen unterheben (siehe Abb. 4).

Für den Aufbau

Den großen Macaron in den Backring mit 15 cm Ø einlegen. Die Mousse in einen Spritzbeutel geben und ein Drittel davon auf den Macaron aufspritzen. Den gefrorenen Himbeerbruleekern einlegen und mit der restlichen Mousse bedecken (siehe Abb. 5-6). Die Torte so lange tiefkühlen, bis sie durchgefroren ist. Vor dem Glasieren die Torte aus dem Backring lösen; dazu den Ring mit dem Gasbrenner vorsichtig erwärmen. Bis zur Weiterverarbeitung tiefkühlen.

Die über Nacht gekühlte Glasur auf dem Wasserbad oder in der Mikrowelle auf Zimmertemperatur temperieren. Dann mit einer Schöpfkelle auf der Tortenoberfläche verteilen, bis die Glasur über den Rand läuft. Mit einer Palette glatt streichen und die Torte auf einem Kuchengitter absetzen. Abtropfen lassen, dann zurück in das Tiefkühlgerät stellen, bis die Glasur angezogen ist.

Für die Dekoration

Den kleinen Macaron mit Puderzucker bestauben und die Oberfläche mit dem Gasbrenner leicht abflämmen. Den Macaron mittig auf die Torte legen und mit den frischen Himbeeren und dem Goldblatt dekorieren.

Schwarzwälder-Kirsch-Sinfonie

ERGIBT 10 PORTIONEN
Zubereitung: etwa 1 ½ Stunden plus etwa 3 Stunden zum Kühlen
Backrahmen mit 20 x 20 cm und 4 cm Randhöhe

Für die Kirschwassertränke
115 g Zucker
115 g Wasser
85 g Kirschwasser

Für das Kirschgelee
3 Blatt Gelatine (6 g)
300 g Sauerkirschpüree
   (siehe Info Seite 97)
75 g Zucker
9 g Speisestärke

Für die Schokoladensahne
40 g bittere Kuvertüre (z. B. Valrhona
   Caraibe mit 66 % Kakaoanteil)
200 g Sahne
40 g Zucker

Für die Sahnecreme zum Füllen
220 g Sahne
55 g Crème double
25 g Zucker

Für den Aufbau
2 Schokoladenbiskuitplatten à 20 x 20 cm
   (Grundrezept »Schokoladenbiskuit-
   roulade«, siehe Seite 36)
100 g Sauerkirschen (ohne Stein),
   abgetropft

Für die Dekoration
125 g Sahne
125 g Crème double
30 g Zucker
10 Cocktailkirschen mit Stiel
100 g Schokospäne

Für die Kirschwassertränke
In einem Topf den Zucker und das Wasser aufkochen und etwa 3 Minuten köcheln lassen.
Vom Herd nehmen und abkühlen lassen. Das Kirschwasser dazugeben und unterrühren.
Beiseitestellen.

Für das Kirschgelee
Die Gelatine in eiskaltem Wasser einweichen. In einem Topf das Sauerkirschpüree aufkochen.
In einer Schüssel den Zucker mit der Speisestärke mischen, dann zügig unter die kochende
Kirschmasse rühren. So lange rühren, bis das Püree erneut aufkocht und andickt. Vom Herd
nehmen und die ausgedrückte Gelatine mit dem Schneebesen einrühren, bis sie sich aufgelöst
hat. Das Gelee auf Zimmertemperatur abkühlen lassen.

Für die Schokoladensahne
Die Kuvertüre schmelzen (siehe Info Seite 102) und beiseitestellen. In einer kalten Rührschüs-
sel die Sahne mit dem Handrührgerät steif schlagen. Etwa 50 g davon abnehmen, in eine
Rührschüssel geben und den Zucker einrühren. Die flüssige Kuvertüre hinzufügen und unter-

mischen. Falls die Sahne zu schnell anzieht, die Schüssel auf dem Wasserbad kurz anwärmen; dann löst sich auch der Zucker besser auf. Zuletzt die restliche steife Sahne vorsichtig unterheben. Die Schokoladensahne in einen Spritzbeutel mit Lochtülle (Nr. 10; 1 cm Ø) füllen und im Kühlschrank beiseitelegen.

Für die Sahnecreme
In einer kalten Rührschüssel die Sahne mit der Crème double steif schlagen. Den Zucker dazugeben und gut untermischen.

Für den Aufbau
Den Backrahmen auf ein mit Backpapier belegtes Backblech setzen und einen Schokoladenbiskuit einlegen. Etwa die Hälfte der Kirschwassertränke mit einem Pinsel auf dem Biskuit verstreichen. Das zimmerwarme Kirschgelee daraufgeben und mit einer Palette glatt streichen. Den Kuchen für etwa 30 Minuten in den Kühlschrank stellen, damit das Gelee anziehen kann.

Anschließend die Schokoladensahne mit dem Spritzbeutel auf das Gelee auftragen. Den zweiten Biskuit auflegen und andrücken. Mit der restlichen Kirschwassertränke bestreichen, dann die Sauerkirschen darauf verteilen.

Die steife Sahnecreme darauf geben und mit einer Winkelpalette glatt streichen. Die Torte für 2-3 Stunden in den Kühlschrank geben und gut durchkühlen lassen, dann herausnehmen.

Für die Dekoration
In einer kalten Rührschüssel die Sahne mit der Crème double steif schlagen. Den Zucker dazugeben und gut untermischen. Ein Drittel der Sahne auf der Torte verteilen und glatt streichen. Die restliche Sahne in einen Spritzbeutel geben und erst mit einer Sterntülle, dann mit einer Lochtülle abwechselnd Tupfen auf die Tortenoberfläche setzen. Zuletzt die Torte mit den Cocktailkirschen und den Schokoladenspänen dekorieren. Zum Servieren mit einem scharfen Messer in zehn Portionen teilen.

Im Ausland habe ich erfahren, wie populär unsere deutschen Torten sind. Die Schwarzwälder Kirschtorte ist eine der beliebtesten Torten der Welt und auch bei uns im heimischen Land ein echter Renner! In Dubai war diese Torte höchst beliebt und wurde von uns in großen Mengen produziert. Allerdings ohne Alkohol. Die Scheichs sind darauf richtig abgefahren!

Wöllsteins Erdbeertraum

ERGIBT 8 PORTIONEN
Zubereitung: etwa 40 Minuten plus 2–3 Stunden zum Kühlen

Für die Rumtränke
75 g Wasser
75 g Zucker
etwa 50 g brauner Jamaika-Rum
   (Menge nach Geschmack)

Für die Chantilly
415 g gut gekühlte Crème double
   (42 % Fettgehalt)
105 g gut gekühlte Sahne (32 % Fettgehalt)
Mark von ½ Vanilleschote
80 g Zucker

Für den Aufbau
1 Wiener Biskuit
   (Grundrezept siehe Seite 40)

Für die Füllung und Dekoration
500 g Erdbeeren, entkelcht
Blütenblätter von 1 unbehandelten Rose

Für die Rumtränke

In einem Topf das Wasser und den Zucker in etwa 5 Minuten zu einem Läuterzucker (siehe Info) kochen. Vom Herd nehmen und abkühlen lassen. Dann den Rum unterrühren.

Für die Chantilly

In einer kalten Rührschüssel die Crème double, die Sahne und das Vanillemark mit dem Handrührgerät steif schlagen. Zuletzt den Zucker dazugeben und nochmals kurz durchrühren. Die steife Chantilly bis zur Weiterverarbeitung kühl stellen.

Für den Aufbau, die Füllung und die Dekoration

Den Biskuitboden waagerecht mit einem scharfen Sägemesser teilen und aufklappen. Mit einem breiten Pinsel die gesamte Rumtränke auf den beiden Biskuitböden verstreichen. Etwa ein Viertel der Chantilly auf den unteren Biskuitboden geben und mit einer Palette gleichmäßig verstreichen. Die (nicht gewaschenen!) Erdbeeren auf der Chantilly verteilen. Mit zwei Viertel der verbliebenen Chantilly bedecken, den oberen Biskuitboden auflegen und vorsichtig andrücken. Die Tortenoberfläche mit der restlichen Chantilly bestreichen und mit den Rosenblütenblättern belegen. Die Torte vor dem Servieren für 2-3 Stunden kühl stellen, damit sie sich gut schneiden lässt.

Info: Für einen Läuterzucker werden gleiche Mengen Zucker und Wasser zum Kochen gebracht. Sobald die Mischung kocht, diese 1 Minute sprudelnd kochen lassen. Durch das Verdampfen des Wassers entsteht ein dickflüssiger Zuckersirup.

Bavaria-Beeren-Pavlova

ERGIBT 2 PAVLOVAS BZW. 2 X 6 PORTIONEN
Zubereitung: etwa 1 Stunde
Ausstecher oder Backring mit 8 bzw. 11 cm Ø

Für die Baiserschalen
2 fliederfarbene Baiserschalen mit
   je 16 cm Ø (Grundrezept siehe Seite 50),
   gebacken und getrocknet
25 g bittere Kuvertüre (z. B. Valrhona
   Caraibe mit 66 % Kakaoanteil)

Für die Cassiscreme
150 g gut gekühlte Sahne (32 % Fettgehalt)
150 g gut gekühlte Crème double
   (42 % Fettgehalt)
40 g Zucker
90 g Cassispüree (siehe Info Seite 97)

Für die Tränke
50 g Cassispüree (siehe Info Seite 97)
60 g Wasser
40 g Zucker

Für den Aufbau
300 g Erdbeeren, entkelcht
80 g Himbeeren
280 g Brombeeren
100 g Blaubeeren
125 g Johannisbeeren
1 Blatt Blattgold

Außerdem
1 Biskuitplatte (30 x 20 cm; Grundrezept
   »Helle Biskuitroulade«, siehe Seite 34)

Für die Aprikotur
100 g Aprikosenkonfitüre, passiert
20 g Wasser

Für die Baiserschalen
Die Kuvertüre schmelzen (siehe Info Seite 102) und die Innenseite der Baiserschalen damit bestreichen, um das Durchweichen des Baisers durch die Cremefüllung zu verhindern.

Für die Cassiscreme
In einer gekühlten Rührschüssel die Sahne, die Crème double, den Zucker und das Cassispüree mit dem Handrührgerät steif schlagen. Die Masse auswiegen und pro Pavlova 125 g für die Füllung sowie 90 g zum Einstreichen beiseitestellen.

Für die Tränke
Das Cassispüree mit dem Wasser und dem Zucker kurz aufkochen lassen. Vom Herd nehmen.

Für den Aufbau
Etwa 100 g Erdbeeren vierteln sowie je 30 g Himbeeren und Brombeeren halbieren und beiseitestellen.

Aus der Biskuitplatte mit dem Ausstecher oder Backring zwei Scheiben à 11 cm und zwei Scheiben à 8 cm Ø ausstechen.

Von den 125 g Cassiscreme pro Pavlova je 25 g in die Baiserschalen geben und jeweils die
große Biskuitscheibe auflegen. Mit etwas Cassistränke bestreichen. Wieder etwas Creme (30 g
pro Schale) darauf verteilen und mit der Hälfte der vorbereiteten Beeren befüllen. Mit Creme
(30 g pro Schale) bedecken und den kleinen Biskuitboden auflegen. Mit 20 g Creme und den
restlichen Beeren bedecken; den Abschluss bilden jeweils 20 g Creme. Dann mit einer Palette
die ausgewogenen 90 g Creme pro Pavlova so verstreichen, dass eine Kuppel entsteht.

Die restlichen Erdbeeren, Brombeeren, Himbeeren und Blaubeeren halbieren. Die Früchte in
der genannten Reihenfolge von unten nach oben auf die Cremekuppel auflegen (siehe Abbildung). Die Spitze mit den Johannisbeeren dekorieren und das Blattgold obenauf setzen.

Für die Aprikotur
Die Aprikotur zubereiten (siehe Info Seite 89). Dann die angeschnittenen Früchte mit einem
Pinsel vorsichtig mit der Glasur bestreichen, damit sie einen schönen Glanz bekommen und
nicht austrocknen.

Hochzeitstorte

ERGIBT 60–70 PORTIONEN
Zubereitung: 2–3 Tage
etwa 30 Spritztüten (siehe TippSeite 102)

Für die Dekoration (Röschen)
etwa 1000 g Fondant für 80 Röschen

Für den Aufbau
6000 g Victoria Sponge
   (siehe Grundrezept Seite 44; aufgeteilt in
   1400 g für 2 Kuchen mit 15 cm Ø,
   2000 g für 2 Kuchen mit 20 cm Ø und
   2600 g für 2 Kuchen mit 25 cm Ø),
   fertig gebacken (am besten bereits
   am Vortag backen)

Für die Füllung
2400 g Italienische Buttercreme
   (siehe Grundrezept Seite 56)

Zum Eindecken
etwa 3600 g Rollfondant (siehe Seite 311)
Speisestärke zum Ausrollen

Für die Dekoration (Fertigstellung)
etwa 1000 g Fondant für die zweite
   Schicht
Eiweiß zum Fixieren
silberne Lebensmittelfarbe (Pulver)
klarer Alkohol
etwa 1000 g Eiweißspritzglasur
   für die Schmetterlinge
   (Grundrezept siehe Seite 70)

Für die Dekoration (Röschen)

Die Röschen für die Dekoration bereits einige Tage im Voraus zubereiten. Dazu den Fondant auf einer Backmatte zu etwa 40 langen Rollen mit je 1 cm Ø formen und mit einem Teigschaber oder Marzipanmesser in 1 cm große Stücke (insgesamt 560) schneiden (siehe Abb. 1). Bis zur Weiterverarbeitung in Folie verpacken, damit der Fondant nicht austrocknet.

Pro Rose werden sieben Stücke benötigt. Ein Stück in der Handinnenfläche zu einem Kegel, dem »Blütenstempel«, rollen. Die übrigen sechs Stücke in der Hand zu kleinen Kugeln rollen und in eine Officefolie (z. B. eine Klarsichthülle) legen. Mit einem Teigschaber nun die Kugeln zu »Rosenblütenblättern« mit etwa 3 cm Ø ausglätten. Dabei sollen die Enden ganz fein sein; nur das untere Ende des »Blütenblattes« soll dicker sein. Nun Blatt für Blatt um den Stempel legen und gleichzeitig vorsichtig die äußeren Enden zu Blütenblättern formen. Dann die Rosen unten zusammendrücken und den überschüssigen Fondant abzwicken (siehe Abb. 2–3). Die Rosen können nun trocknen, bis sie auf der Torte platziert werden.

(Fortsetzung auf Seite 159)

Für den Aufbau und die Füllung

Die fertig gebackenen Böden aus den Ringen lösen und auf einen Blechdeckel setzen. Mit einem scharfen Sägemesser die Backhaut waagerecht abtrennen und alle Kuchen einmal waagerecht in der Mitte durchschneiden. Die Böden aufklappen und nebeneinander legen; es liegen nun je vier Böden mit 15, 20 bzw. 25 cm Ø vor.

Mit einem Teigschaber etwas Buttercreme auf einen großen Boden geben und mit der Palette gleichmäßig verteilen. Einen zweiten großen Boden auflegen und den Vorgang wiederholen, bis insgesamt alle vier großen Böden aufeinander liegen. Dann auch die Oberfläche und den Rand mit Buttercreme bestreichen und mit einem Teigschaber den Rand glätten. Mit einer Palette die Kante sauber abziehen (siehe Abb. 4-6). Bis zur Weiterverarbeitung im Kühlschrank gut durchkühlen. Mit den übrigen Tortenböden ebenso verfahren.

Zum Eindecken (siehe Abb. 7–9)

Etwa 1,5 kg Rollfondant auf einer mit etwas Speisestärke bestaubten Backmatte ausrollen (den restlichen Fondant in Frischhaltefolie gewickelt beiseitestellen). Dabei mit dem Rollholz von innen nach außen gleichmäßig rollen, bis der Fondant nur noch 3-4 mm dick ist.

Eine Scheibe mit etwa 50 cm Ø ausschneiden. Mit beiden Händen vorsichtig unter den Fondant greifen und diesen sachte auf die große Torte heben. Nun den Fondant behutsam andrücken, sodass er keine Falten bekommt; überschüssigen Fondant unten abtrennen. Die Torte wieder kühl stellen. Die beiden anderen Torten ebenso eindecken, dabei für die mittlere Torte 1,1 kg Rollfondant zu einer Scheibe mit 45 cm Ø und für die kleine Torte 1 kg Fondant zu einer Scheibe mit 40 cm Ø verarbeiten.

Für die Dekoration (Fertigstellung, siehe Abb. 10–12)

Einen Teil des Fondants für die zweite Schicht zu einem 4 mm dicken Streifen von etwa 85 x 12 cm ausrollen und mit einem Musterstempel eindrücken. Die größte Torte am Rand mit etwas Hühnereiweiß bestreichen und den Fondant darumherum legen, sodass er dort kleben bleibt. Die Torte erneut kühl stellen. Den Vorgang für die beiden anderen Torten wiederholen, dabei für die mittlere bzw. kleine Torte jeweils einen 4 mm dicken Streifen mit 70 x 12 cm bzw. 65 x 12 cm ausrollen.

Nun die größte Torte auf einem Tortenständer platzieren und die mittlere sowie die kleine Torte obenauf setzen. Bevor das Dekor angebracht wird, die Fondantschicht mit etwas silberner Lebensmittelfarbe bestreichen. Dazu etwas Pulverfarbe mit ein paar Tropfen klarem Alkohol verrühren und dünn mit einem Pinsel auftragen.

Für die Schmetterlinge deren Umrisse auf Backpapier zeichnen und mit Eiweißspritzglasur nachfahren. Das Innere mit etwas flüssigerer Glasur (siehe Tipp Seite 70) ausfüllen und länger trocknen lassen, am besten über Nacht.

Zum Schluss die Röschen und die Schmetterlinge auf der Torte anbringen und mit etwas Eiweißspritzglasur fixieren; dazu Spritztüten verwenden und diese mehrmals wechseln.

Tipps: Eine Hochzeitstorte muss gut geplant werden: Legen Sie frühzeitig die Böden und die Füllung fest und machen Sie sich Gedanken über Farben (Fondant lässt sich gut einfärben) und Dekoration!

Zum Aufbau einer Torte benötigt man relativ feste Böden, damit man sie gut stapeln kann. Am stabilsten sind sie, wenn sie schon einen Tag im Voraus gebacken werden.

Süßes für die Stars

Süßes für Elton John

Ganz besonders stolz bin ich darauf, dass ich bereits zweimal das Vergnügen hatte, für Elton John etwas Feines zu zaubern. Das erste Mal bereits im Jahre 1988, zur Zeit meiner allerersten Station als Jungkonditorin im Münchner Fünf-Sterne-Hotel »Park Hilton«. Er war damals bei uns zu Gast. Für ihn fertigte ich eine witzige Torte mit seinem Markenzeichen: einer Schokoladenbrille, die Gläser aus Gelatine hatte!

Das zweite Mal war dann erst 20 Jahre später, als ich als Executive Pastry Chef im »The Dorchester« tätig war: Im Dezember 2006 richteten Elton John und Sting bei uns im Hotel für 300 Gäste eine »Weihnachts-Charity für UNICEF« aus. Unter den prominenten Gästen waren Madonna mit Guy Ritchie und viele andere Stars. Für die Veranstaltung durfte ich ein ganz edles Dessert und Petits Fours entwerfen, die die Event Manager nach zwei vorangegangenen kritischen Verkostungen ausgesucht hatten.

Ausgewählt wurde meine goldene, handgefertigte Schokoladendose, die mit einer Zartbitterschokoladenmousse sowie mit bunten Beeren und einer luftigen Himbeer-Espuma gefüllt war. Für die Petits-Fours-Teller entwarf ich 30 Zuckerschaustücke, die ich mit filigraner Schokolade ausgarnierte. Auf die dazugehörigen Zuckerschaustücke sowie auf die 300 Petits Fours habe ich Elton John und Sting mit Engelsflügeln aus Schokolade gezeichnet und ließ sie tanzen.

Ich erinnere mich auch an die große Batterie von 20 Espuma-Flaschen, deren Inhalt kurz vorm Servieren von uns und helfenden Händen aus der Küche in letzter Sekunde auf das Dessert gespritzt wurde. Von deren Funktionstüchtigkeit hatte ich mich im Vorfeld der Veranstaltung unzählige Male überzeugt.

Mein Adrenalin war am Anschlag, nichts durfte schiefgehen. Die gesamte Patisserie- und Küchenbrigade war ebenfalls unter höchster Anspannung. In Reih und Glied standen wir da, mit den Espuma-Flaschen bewaffnet. Dann schnappte sich jeder der Kellner (es waren etwa 30) zwei Teller und marschierte nach und nach auf uns zu, damit wir auf jeden Teller die hochempfindliche Himbeer-Espuma in die Schokoladendöschen spritzen konnten. Es war Akkordarbeit!

Beate Wöllsteins erster Auftrag als Jungkonditorin für eine VIP-Torte – für Elton John 1988 in München

Dann kam schon der letzte Kellner mit den Tellern zum Befüllen und es lief wirklich alles glatt. Ich war unglaublich stolz auf mein Team und unsere Mannschaftsleistung an diesem ganz besonderen Abend, den wir alle wohl nie vergessen werden.

Geburtstagstorte für die Stones

An einem wunderbaren Tortenauftrag arbeitete ich im Juni 1990 in der Conditorei Kreutzkamm in München, wo mir aufgrund meiner Leistung schon im dritten Gesellenjahr die Koordination der gesamten Tortenabteilung übertragen wurde.

Zu der Zeit waren die Rolling Stones auf ihrer großen »Urban Jungle«-Tour in München zu Gast. Sie waren in einem Fünf-Sterne-Hotel in München abgestiegen. Während ihrer Tournee feierten zwei Bandmitglieder, Ronnie Wood (geboren am 1. Juni) und Charlie Watts (geboren am 2. Juni) ihre Geburtstage. Und VIP-Geburtstagsgäste mit Geburtstagstorten zu überraschen, gehört in einem Fünf-Sterne-Hotel absolut zum guten Ton. Da man damals VIP-Torten oft bei uns bestellte, wurde ich gebeten, für die Jungs etwas »ganz Cooles« zu machen. Eine Riesenehre für mich! Groß und beeindruckend sollte die Überraschung sein! Ich war unheimlich aufgeregt, für die Rolling Stones eine Geburtstagstorte backen zu dürfen, und überlegte rauf und runter, was ich am besten als Dekoration auswählen sollte.

Mein erster Gedanke war, das Plakat der Konzerttour auf die Torte zu übertragen und sah es auch schon förmlich vor Augen. Unser Backstubenleiter fand die Idee sehr gut und gab mir grünes Licht.

Damals, als es noch kein Internet gab, konnte ich ja nicht einfach so auf die Schnelle Fotos aus dem Netz herunterladen. Da musste ich schon anders kreativ werden. Und so machte ich mich mit dem Fahrrad auf den Weg und suchte nach einem echten Rolling-Stones-Plakat.

Endlich eines gefunden, pflückte ich es rasch ab und verstaute es wie eine Siegertrophäe in der Tasche. Mit meinem Schatz zurück in der Backstube konnte ich dann auch endlich loslegen. Nachdem die fertige Torte dann abgeholt wurde, wartete ich schon sehr gespannt aufs Feedback, das dann auch prompt kam - die Torte war super bei den Jungs angekommen.

Eine Torte für Johnny Depps Tochter

An folgende Geschichte erinnere ich mich sehr gerne: Das »The Dorchester« in London galt seinerzeit als das beste Hotel Europas und konnte sich mit vielen Auszeichnungen schmücken - für die Ausstattung, den Service, den F&B-Bereich. Es war daher ein begehrtes Hotel für viele Prominente dieser Welt. Von 2004 an war ich einige Jahre als Executive Pastry Chef im »The Dorchester« tätig. Es waren aufregende Zeiten, denn wir hatten wirklich jeden Tag Stars und Sternchen im Haus. Alles, was Rang und Namen hatte, ging bei uns ein und aus: Royals, Politiker, Sportler, Schauspieler und Musiker. Es war an der Tagesordnung, dass der Küchenchef an mich herantrat und sagte: »Beate - heute haben wir wieder einen ganz besonderen Gast im Haus. Kannst du bitte wieder etwas Außergewöhnliches zaubern?« Einmal war es Johnny Depp, dessen Tochter Lily-Rose Melody gerade in London im Krankenhaus lag, und die er mit einer Geburtstagstorte überraschen wollte.

Die große Herausforderung an diesem Auftrag war, dass ich aufgrund ihres damaligen Gesundheitszustandes viele reguläre Backzutaten nicht verwenden durfte und mir nur wenige Stunden Zeit blieben, eine tolle Torte zu backen. Also machte ich mich auf den Weg und telefonierte mit halb England, um so schnell wie möglich an Spezialrohstoffe zu kommen, die dann per Express geliefert werden mussten. Als die begehrten Zutaten endlich eintrafen, begann ich unter Hochdruck mit meinem kreativen Werk. Die Uhr tickte!

Am Ende wurde es eine wunderschöne Torte, die ich gerade noch pünktlich fertig bekam. Johnny Depp hat sich sehr gefreut und bedankt und das Wichtigste: Das Geburtstagskind war begeistert!

3 TÖRTCHEN UND PETITS FOURS

Kleine, edle Törtchen aus der Confiserie. Jede Kreation
ein Kunstwerk für sich. Eine Vollendung in Geschmack,
Form und Design. Was will man mehr? Hier finden Sie
eine wunderbare Auswahl an bunten Köstlichkeiten, die
es verdient haben, von Ihnen nachgebacken zu werden
und auf Ihrer Kaffeetafel ein neues Zuhause zu finden.

Baby-Bienenstich

ERGIBT 12 STÜCK
Zubereitung: etwa 2 ½ Stunden plus etwa 2 Stunden zum Gehen der Teiglinge |
Backzeit: 15–20 Minuten | Backtemperatur: 210 °C Ober-/Unterhitze
Ausstecher mit 7 cm Ø, 12 Backringe mit 7 cm Ø

Für den Hefeteig
600 g Hefeteig (Grundrezept »Leichter
    Hefeteig«, siehe Seite 16) mit bereits
    abgeschlossenem erstem Gärvorgang
    über 1 ½–2 Stunden
Fett für die Backringe

Für die Florentinermasse
70 g Zucker
35 g Bienenhonig
70 g Sahne

30 g Süßrahmbutter
140 g Mandeln, gehobelt

Für die Bienenstichcreme
300 g gut gekühlte Sahne
55 g weiße Kuvertüre (z. B. Valrhona
    Ivoire mit 35 % Kakaoanteil)
150 g Crème pâtissière
    (Grundrezept siehe Seite 52)
15 g Kirschwasser

Für den Hefeteig

Mit dem Hefeteig nach dem ersten Gärvorgang wie auf Seite 16 beschrieben verfahren und die
Luft aus dem Teig kneten. Den Teig auf einer Backmatte mit dem Rollholz 1 cm dick ausrollen
und für 20 Minuten in das Tiefkühlgerät geben, damit er nicht weiter aufgeht. Anschließend
mit dem Ausstecher zwölf Scheiben ausstechen. Die gefetteten Backringe auf ein mit Backpapier belegtes Backblech setzen und die Teigscheiben einlegen. Im Kühlschrank beiseitestellen.

Für die Florentinermasse

In einem Topf den Zucker, den Bienenhonig, die Sahne und die Butter auf 105 °C erhitzen und aufkochen. Den Topf vom Herd nehmen und die gehobelten Mandeln mit einem Kochlöffel zügig,
aber behutsam einrühren, damit die Mandeln nicht brechen. Die Masse lauwarm abkühlen lassen,
dann gleichmäßig auf den Teigscheiben verteilen, sodass diese mit der Florentinermasse vollständig bedeckt sind. Die Hefeteiglinge erneut bei Zimmertemperatur für etwa 2 Stunden gehen lassen, bis sich ihr Volumen verdoppelt hat. Dann im vorgeheizten Ofen bei 210 °C in 15-20 Minuten
goldgelb backen. Herausnehmen, auskühlen lassen und mit einem glatten Messer aus den Ringen lösen. Mit einem scharfen Sägemesser waagerecht halbieren und zum Befüllen aufklappen.

Für die Bienenstichcreme

Die Sahne mit dem Handrührgerät steif schlagen. Die Kuvertüre schmelzen (siehe Info Seite 102).
Die Crème pâtissière in eine Rührschüssel geben und das Kirschwasser mit dem Schneebesen
einrühren. Die flüssige Kuvertüre einlaufen lassen und kräftig rühren. Zuletzt die Schlagsahne
vorsichtig unterheben, sodass die Masse nicht flüssig wird. Die Creme in einen Spritzbeutel mit
Lochtülle (Nr. 10; 1 cm Ø) einfüllen und in Tupfen auf die unteren Teighälften aufspritzen. Den De-
ckel vorsichtig auflegen und die Bienenstiche bis zum Servieren im Kühlschrank aufbewahren.

Tipp: Der Bienen-
stich schmeckt ta-
gesfrisch am besten!
Die rohen Teigschei-
ben können auch
eingefroren und
später weiterverar-
beitet werden.

Cassis-Joghurt-Millefeuilles

ERGIBT 10 STÜCK
Zubereitung: etwa 1 ½ Stunden plus 30 Minuten Ruhezeit für den Blätterteig |
Backzeit: etwa 1 Stunde | Backtemperatur: 200 °C Ober-/Unterhitze
Backrahmen mit 36 x 9 cm

Für die Cassis-Joghurt-Mousse
115 g Cassispüree (siehe Info Seite 97)
35 g Joghurt (3,5 % Fett)
30 g Zucker
2 ½ Blatt Gelatine
90 g gut gekühlte Crème double
60 g gut gekühlte Sahne
80 g Blaubeeren

Für die Millefeuilles
300 g Blätterteig
    (Grundrezept siehe Seite 28)
Puderzucker zum Karamellisieren

Für die Chantilly
120 g gut gekühlte Sahne
180 g gut gekühlte Crème double
Mark von ½ Vanilleschote
30 g Zucker

Für die Dekoration
10 Blatt Blattgold
einige Blaubeeren

Für die Cassis-Joghurt-Mousse

In einer Rührschüssel das Cassispüree, den Joghurt und den Zucker verrühren. Die Gelatine in eiskaltem Wasser für etwa 5 Minuten einweichen. In einer kalten Rührschüssel die Crème double und die Sahne steif schlagen und im Kühlschrank beiseitestellen. Etwas Cassiscreme in einen Topf geben, die ausgedrückte Gelatine hinzufügen und unter Rühren erwärmen, bis sie sich aufgelöst hat. Den Gelatinemix mit dem Schneebesen in die restliche Cassiscreme einrühren. Die gekühlte Sahnemischung mit einem Gummischaber vorsichtig unterheben. Zum Schluss die Blaubeeren vorsichtig einrühren. Den Backrahmen auf ein mit Backpapier belegtes Backblech setzen. Die Mousse einfüllen und einfrieren,

Für die Millefeuilles

Inzwischen den Blätterteig auf einer Backmatte zu einem 36 x 28 cm großen und 2 mm dicken Rechteck ausrollen. Mehrmals mit einer Gabel einstechen und vor dem Backen 30 Minuten im Kühlschrank ruhen lassen. Den Blätterteig mit Backpapier abdecken und mit einem Backblech beschweren (siehe Abb. 1-2). Im vorgeheizten Ofen bei 200 °C in etwa 1 Stunde dunkelbraun backen. Herausnehmen und abkühlen lassen, dabei das aufliegende Blech nicht entfernen, damit sich der Blätterteig nicht nach oben biegt.

(Fortsetzung auf Seite 171)

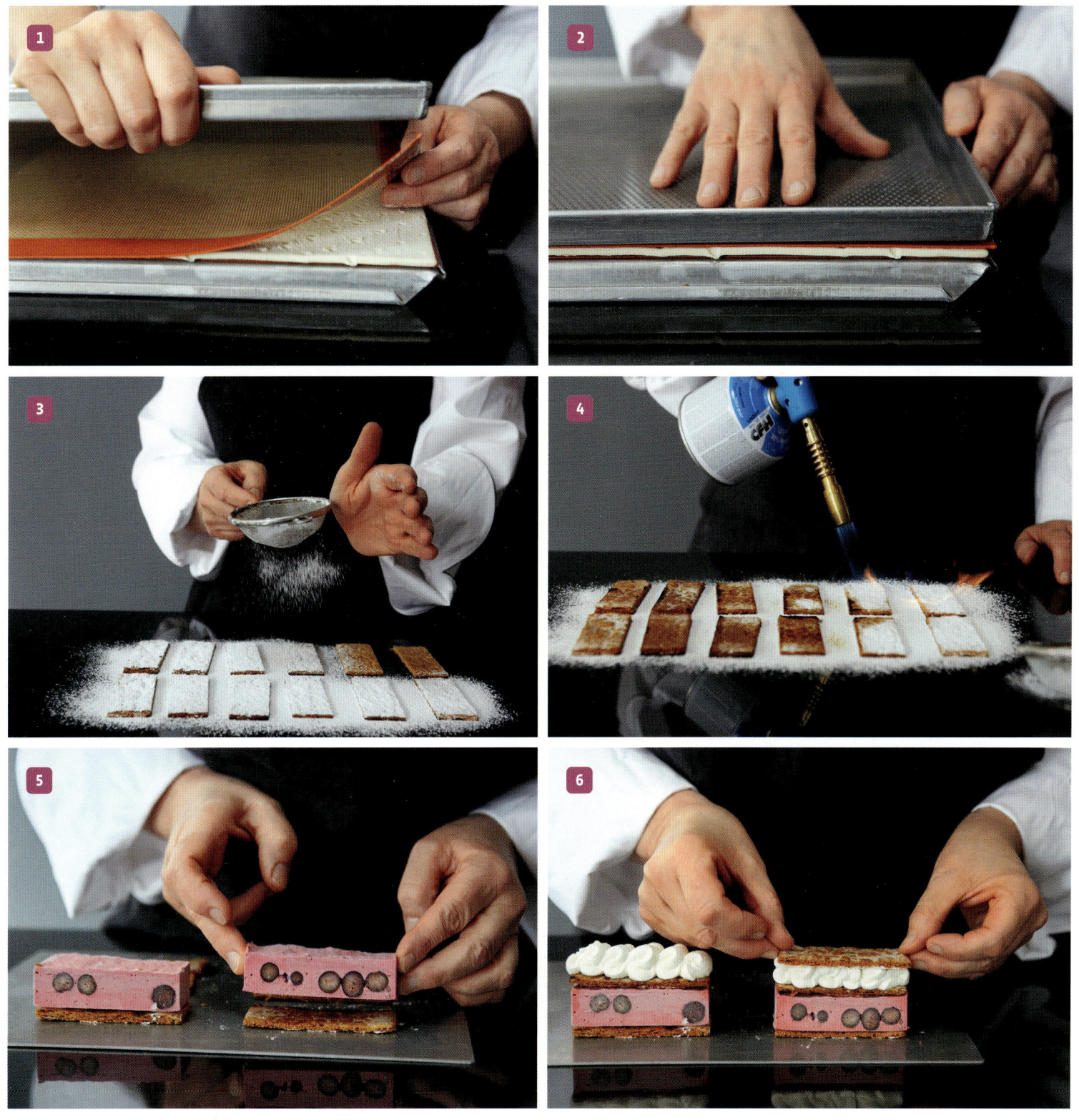

Für die Chantilly

Während der Blätterteig bäckt bzw. auskühlt, in einer kalten Rührschüssel die Sahne, die Crème double und das Vanillemark steif schlagen. Den Zucker erst am Ende dazugeben und kurz unterrühren. Die Chantilly bis zur Weiterverarbeitung im Kühlschrank beiseitestellen.

Den ausgekühlten Blätterteig mit einem scharfen Sägemesser in 3,5 x 9 cm große Streifen (benötigt werden 30 Stück) schneiden. Diese dick mit Puderzucker bestauben und mit einem Gasbrenner (siehe Info Seite 125) karamellisieren (siehe Abb. 3-4).

Die gefrorene Cassis-Joghurt-Mousse vorsichtig aus dem Backrahmen lösen (siehe Tipp). Mit einem scharfen, in heißes Wasser getauchten Messer in zehn Rechtecke von 3,5 x 9 cm schneiden.

Für den Aufbau und die Dekoration

Zehn Blätterteigböden mit dem Karamell nach oben auf die Arbeitsfläche legen. Darauf je ein Mousse-Rechteck platzieren. Darauf weitere zehn Blätterteigstreifen (Karamell nach oben) legen. Die Chantilly in einen Spritzbeutel mit Rosenblatttülle füllen und wellenartig daraufspritzen. Die Törtchen mit einem dritten Blätterteigboden (wieder Karamell nach oben) abschließen (siehe Abb. 5-6). Die Törtchen mit je einem Goldblatt und einigen Blaubeeren dekorieren und servieren.

Tipp: Eine gefrorene Mousse löst man leicht aus dem Backrahmen, indem man den Rand kurz mit einem Gasbrenner erwärmt.

St.-Honoré-Törtchen

ERGIBT 10 STÜCK
Zubereitung: etwa 2 ½ Stunden | Backzeit Böden: 20–25 Minuten pro Blech |
Backtemperatur Böden: 220 °C Ober-/Unterhitze | Backzeit Profiteroles: etwa 15 Minuten |
Backtemperatur Profiteroles: 220 °C Ober-/Unterhitze
Ausstecher mit 10 cm Ø, 10 Tarteringe mit 10 cm Ø

Für die Böden
500 g Blätterteig
   (Grundrezept siehe Seite 28)
Fett für die Tarteringe

Für den Brandteig
500 g Brandteig
   (Grundrezept siehe Seite 46)

Für die Füllung der Profiteroles
150 g Crème pâtissière
   (Grundrezept siehe Seite 52), abgekühlt

Für die Glasur
500 g Karamell mit gekochtem Zucker
   (Grundrezept siehe Seite 66)
100 g flüssiger Fondant (siehe Seite 310)
fliederfarbene Lebensmittelfarbe (Pulver)

Für die Cassis-Sahnecreme
280 g Sahne
140 g Crème double
30 g Puderzucker
40 g Cassispüree (siehe Info Seite 97)

Für die Dekoration
10 lilafarbene Veilchen

Für die Böden
Den Blätterteig auf einer Backmatte 4 mm dick ausrollen und mehrmals mit einer Gabel einstechen. Mit dem Ausstecher zehn Scheiben ausstechen und auf zwei Backbleche mit Backmatte verteilen. Mit den gefetteten Tarteringen umschließen.

Für den Brandteig
Den Brandteig in einen Spritzbeutel mit Lochtülle (Nr. 6; 6 mm Ø) geben und je drei konzentrische Kreise auf den Blätterteig spritzen (siehe Abb. 1; den Rest beiseitestellen). Die Böden nacheinander im vorgeheizten Ofen bei 220 °C in 20-25 Minuten goldgelb backen. Herausnehmen und abkühlen lassen.

Anschließend den restlichen Brandteig als 40-45 kleine Tupfen auf ein Backblech mit Backmatte spritzen und die Profiteroles bei 220 °C in etwa 15 Minuten goldgelb backen. Herausnehmen und abkühlen lassen (siehe Abb. 2).

(Fortsetzung auf Seite 174)

Für die Füllung

In der Zwischenzeit die Crème pâtissière in einen Spritzbeutel mit Lochtülle (Nr. 6; 6 mm Ø) geben. Mit einer Lochtülle am Boden der Profiteroles jeweils eine kleine Öffnung eindrücken, dann die Profiteroles mit der Creme befüllen (siehe Abb. 3).

Für die Glasur

Die befüllten Profiteroles mit der Oberseite zuerst zur Hälfte in den gekochten Karamell eintauchen. Auf Backpapier legen und abkühlen lassen. Dann die Unterseite vorsichtig in den heißen Karamell eintauchen und je drei Profiteroles direkt auf die Törtchenböden setzen (siehe Abb. 4). Den vierten Profiterole ebenfalls in den Karamell tauchen, aber erst später auf das Törtchen setzen.

Den flüssigen Fondant in einen Topf geben und unter ständigem Rühren auf 45 °C erhitzen (mit einem Küchenthermometer messen!). Mit der Lebensmittelfarbe einfärben und alle Profiteroles mit einem Pinsel vorsichtig glasieren (siehe Abb. 5).

Für die Cassis-Sahnecreme

In einer Rührschüssel alle Zutaten mit dem Handrührgerät steif schlagen. In einen Spritzbeutel mit Sterntülle (Nr. 13; 13 mm Ø) geben und schöne Rosetten zwischen die Profiteroles spritzen (siehe Abb. 6). Den vierten Profiterole obenauf setzen.

Für die Dekoration

Die Törtchen mit je einem Veilchen dekorieren.

Tipp: Dieses schicke französische Törtchen ist ein wahres Highlight auf jeder festlichen Kaffeetafel. Es erfordert etwas Geduld und Zeit, aber das Ergebnis entschädigt für den Aufwand. Frisch schmeckt es am besten.

Mohn-Saturn

ERGIBT 8 STÜCK

Zubereitung: etwa 1 Stunde plus Zeit zum Trocknen für die Schokoladenringe |
Backzeit: 20–25 Minuten | Backtemperatur: 190 °C Ober-/Unterhitze
8 Savarinförmchen mit 10 cm Ø und je 1 Ausstecher mit 9 bzw. 6 cm Ø

Für den Mohnbiskuit

250 g zimmerwarme Süßrahmbutter,
  mehr für die Förmchen
265 g plus 65 g Zucker
3 g brauner Rum
3 Msp. Salz
200 g Eigelb | 300 g Eiweiß
335 g Mohn, fein gemahlen
50 g Mehl (Type 405)

Für die Schokoladenringe

500 g bittere Kuvertüre (z. B. Valrhona
  Caraibe mit 66% Kakaoanteil),
  temperiert (siehe Seite 68)

Für die Dekoration

400 g gut gekühlte Sahne
80 g Ananas, in kleine Stücke geschnitten
80 g Mango, in kleine Stücke geschnitten
100 g Erdbeeren, geviertelt
100 g Brombeeren, halbiert
30 g Blaubeeren, halbiert
30 g Johannisbeeren,
  von den Rispen gezupft
20 g Pistazienkerne

Für den Mohnbiskuit

In einer Rührschüssel die Butter, 265 g Zucker, den Rum und das Salz mit dem Handrührgerät schaumig rühren. Das Eigelb nach und nach dazugeben und gut unterrühren. In einer weiteren Rührschüssel das Eiweiß mit dem restlichen Zucker (65 g) steif schlagen, dann mit einem Gummispatel vorsichtig unter die Buttermasse heben. Den gemahlenen Mohn mit dem gesiebten Mehl mischen und unter die Masse rühren.

Den Teig in einen Spritzbeutel mit Lochtülle (Nr. 10; 1 cm Ø) geben und die gefetteten Savarinförmchen damit befüllen. Im vorgeheizten Ofen bei 190 °C 20-25 Minuten backen. Herausnehmen und auskühlen lassen, dann aus den Förmchen stürzen.

Für die Schokoladenringe

Die temperierte Kuvertüre auf einer Lage Backpapier verstreichen. Kurz bevor sie fest wird, mit dem großen Ausstecher acht Scheiben ausstechen. Den Innenteil mit dem kleinen Ausstecher ausstechen, sodass acht Ringe entstehen. Die Schokoladenringe fest werden lassen.

Für die Dekoration

Die Sahne mit dem Handrührgerät steif schlagen und in einen Spritzbeutel mit Lochtülle (Nr. 10; 1 cm Ø) geben. Rundum auf den Biskuits kleine Tupfen aufspritzen. Je einen Schokoladenring darauflegen und erneut etwas Sahne auf den Schokoladenring spritzen. Darauf die Früchte abwechselnd arrangieren. Zum Schluss mit den Pistazien bestreuen.

Napoleonschnitten

ERGIBT 10 STÜCK

Zubereitung: etwa 1 ½ Stunden plus 30 Minuten Ruhezeit für den Blätterteig | Backzeit: etwa 1 Stunde | Backtemperatur: 200 °C Ober-/Unterhitze

Für den Teig

500 g Blätterteig
  (Grundrezept siehe Seite 28)
Puderzucker zum Karamellisieren

Für die Napoleoncreme

250 g plus 25 g Milch
40 g Süßrahmbutter
Mark von ½ Vanilleschote
50 g Eigelb
75 g Zucker
30 g Speisestärke
2 ½ Blatt Gelatine

Für die Nougat-Chantilly

55 g gut gekühlte Sahne
125 g gut gekühlte Crème double
Mark von ½ Vanilleschote
20 g Zucker
90 g dunkles Haselnussnougat

Für die Dekoration

20 g Pistazien, fein gehackt

Für den Teig

Den Blätterteig auf einer Backmatte zu einem 36 x 28 cm großen und 2 mm dicken Rechteck ausrollen. Mehrmals mit einer Gabel einstechen und vor dem Backen 30 Minuten im Kühlschrank ruhen lassen. Den Blätterteig mit Backpapier abdecken und mit einem Backblech beschweren. Im vorgeheizten Ofen bei 200 °C in etwa 1 Stunde dunkelbraun backen, damit die Röststoffe besser zur Geltung kommen. Herausnehmen und abkühlen lassen, dabei das aufliegende Bech nicht entfernen, damit sich der Blätterteig nicht nach oben biegt.

Für die Napoleoncreme

Während der Blätterteig bäckt bzw. auskühlt, in einem Topf die Milch (250 g), die Butter und das Vanillemark aufkochen. In einer Schüssel das Eigelb mit dem Zucker, der Stärke und den 25 g Milch cremig rühren. Die Gelatine in eiskaltem Wasser einweichen. Die kochende Milch über die Eigelbmasse gießen, verrühren und die Masse zurück in den Topf geben. Wieder auf den Herd stellen und so lange erhitzen, bis sie bindet. In die noch heiße Creme die ausgedrückte Gelatine einrühren. Die Napoleoncreme unmittelbar auf der Cremeoberfläche mit Frischhaltefolie abdecken und abkühlen lassen. Sobald sie kalt und fest ist, in einen Spritzbeutel mit Lochtülle (Nr. 6; 6 mm Ø) geben und im Kühlschrank beiseitestellen.

Für die Nougat-Chantilly

In einer kalten Rührschüssel die Sahne, die Crème double und das Vanillemark steif schlagen. Den Zucker erst am Ende dazugeben und kurz unterrühren. Das Haselnussnougat in der Mikrowelle vorsichtig erwärmen, bis es flüssig, aber nicht heiß ist, dann in die Chantilly einrühren. Die Nougat-Chantilly bis zur Weiterverarbeitung im Kühlschrank beiseitestellen.

Den ausgekühlten Blätterteig mit einem scharfen Sägemesser in 3,5 x 9 cm große Streifen (benötigt werden 30 Stück) schneiden. Diese dick mit Puderzucker bestauben und mit einem Gasbrenner (siehe Info Seite 125) karamellisieren.

Für den Aufbau und die Dekoration

Zehn Blätterteigböden mit dem Karamell nach unten auf die Arbeitsfläche legen. Darauf die Hälfte der Vanillecreme in kleinen Linien aufspritzen. Weitere zehn Blätterteigstreifen (Karamell nach oben) auflegen und den Vorgang mit der restlichen Vanillecreme wiederholen. Die Törtchen mit einem dritten Blätterteigboden (Karamell nach oben) abschließen. Die gefüllte Schnitte hochkant aufstellen, sodass sie auf einer Längsseite steht. Die Nougat-Chantilly in einen Einweg-Spritzbeutel füllen und diesen an der Spitze schräg abschneiden. Die Chantilly wellenartig aufspritzen. Mit den gehackten Pistazien bestreuen und servieren.

Banana Chocolate Dome

ERGIBT 16 STÜCK

Zubereitung: etwa 2 Stunden plus Kühlzeit für die Glasur über Nacht und
je 2–3 Stunden zum Gefrieren des Bananenkerns und der unglasierten Domes |
Backzeit: etwa 18 Minuten | Backtemperatur: 160 °C Ober-/Unterhitze
Silikon-Backmatte mit 16 Vertiefungen à 7 cm Ø, Silikon-Backmatte mit 16 Vertiefungen
à 4 cm Ø und Silikon-Backmatte mit 16 Halbkugelformen à 8 cm Ø

Für die Glasur
40 g Haselnüsse, gehackt
1 Blatt Gelatine
170 g Sahne
200 g Vollmilchkuvertüre (z. B. Valrhona
   Jivara mit 40 % Kakaoanteil)

Für die Brownies
225 g Süßrahmbutter
275 g bittere Kuvertüre (z. B. Valrhona
   Caraibe mit 66 % Kakaoanteil)
150 g Vollei
225 g Zucker
75 g Mehl (Type 405)
2 ½ g Backpulver

Für den gefrorenen Bananenkern
1 ¾ Blatt Gelatine
270 g Bananenpüree
   (siehe Info Seite 97; etwa 3 Bananen)
½ TL Zitronensäure
30 g Zucker
30 g Süßrahmbutter, zerlassen

Für die Schokoladenmousse
2 ½ Blatt Gelatine
120 g Milch
40 g Zucker
40 g Eigelb
240 g Vollmilchkuvertüre (z. B. Valrhona
   Jivara mit 40 % Kakaoanteil)
420 g gut gekühlte Sahne

Für die Glasur
Bereits am Vortag die Haselnüsse auf einem Backblech im vorgeheizten Ofen bei 180 °C in
5-8 Minuten goldgelb rösten und beiseitestellen (siehe Abb. 1). Die Gelatine in eiskaltem Wasser einweichen. In einem Topf die Sahne aufkochen. Vom Herd nehmen und die Kuvertüre einrühren, bis sie sich aufgelöst hat. Die Gelatine ausdrücken und mit dem Schneebesen in die noch heiße Masse einrühren, bis auch sie sich aufgelöst hat. Die Masse auf Zimmertemperatur abkühlen lassen, dann die gerösteten Nüsse dazugeben und über Nacht kühl stellen.

Für die Brownies
In einem Topf die Butter und die Kuvertüre schmelzen. In einer Rührschüssel die Eier mit dem Zucker aufschlagen. Dann die Butter-Kuvertüre-Masse vorsichtig in die Eiermasse rühren. Das Mehl und das Backpulver sieben und vorsichtig unterheben. In die Silikon-Backmatte mit 16 Vertiefungen à 7 cm Ø füllen und im vorgeheizten Ofen bei 160 °C etwa 18 Minuten backen. Aus dem Ofen nehmen und abkühlen lassen, dann herauslösen.

(Fortsetzung auf Seite 183)

Für den gefrorenen Bananenkern

Die Gelatine in eiskaltem Wasser einweichen. Das Bananenpüree mit der Zitronensäure mischen, damit es nicht braun wird. In einen Topf geben und mit dem Zucker und der Butter kurz erwärmen. Die Gelatine leicht ausdrücken, in einem separaten Topf erwärmen und auflösen, dann in das Bananenpüree einrühren. Die Masse in die Silikon-Backmatte mit 16 Vertiefungen à 4 cm Ø füllen und 2-3 Stunden gefrieren lassen.

Für die Schokoladenmousse

Die Gelatine in eiskaltem Wasser einweichen. In einem Topf die Milch aufkochen. In einer Schüssel den Zucker und das Eigelb mit dem Schneebesen cremig rühren. Die kochende Milch über die Eigelbmasse gießen und einrühren. Die Masse wieder in den Topf geben und auf den Herd stellen. Unter ständigem Rühren auf 82-85 °C zur Rose abziehen (siehe Seite 311), bis sie zu einer leicht angedickten Creme bindet. Vom Herd nehmen und unter ständigem Rühren die Kuvertüre darin auflösen. Die Gelatine ausdrücken, dazugeben und ebenfalls unter Rühren darin auflösen. Den Schokomix auf Eiswasser (oder auf gefrorenen Kühlakkus) rasch auf Zimmertemperatur herunterkühlen. Die Sahne steif schlagen, hinzufügen und vorsichtig unterziehen.

Für den Aufbau

Die Mousse in einen Spritzbeutel mit Lochtülle (Nr. 10; 1 cm Ø) geben. Etwas Mousse in die Halbkugelformen füllen (siehe Abb. 2), je einen gefrorenen Bananenkern einlegen (siehe Abb. 3) und den Rest der Mousse darauf verteilen (siehe Abb. 4). Je eine Browniescheibe darauflegen und andrücken, sodass der Boden eben ist (siehe Abb. 5). Die Domes in den Halbkugelformen für 2-3 Stunden gefrieren lassen. Anschließend die noch gefrorenen Domes herauslösen und auf ein Kuchengitter setzen.

Die Glasur in der Mikrowelle vorsichtig auf etwa 38 °C erwärmen und schmelzen. Auf Zimmertemperatur temperieren, dann mit einer Schöpfkelle über die gefrorenen Törtchen gießen, bis sie über die Törtchenränder hinunterläuft (siehe Abb. 6). Die Domes mit einer Palette vom Gitter nehmen und auf einer Tortenplatte absetzen. Bis zum Servieren im Kühlschrank aufbewahren.

Sommer-Fours

ERGIBT 30 STÜCK
Zubereitung: etwa 45 Minuten plus 1 Stunde zum Kühlen des Teiges |
Backzeit: 10–12 Minuten | Backtemperatur: 180 °C Ober-/Unterhitze
Ausstecher mit 3,5 cm Ø, Silikon-Backmatte mit 30 Vertiefungen à 3,5 cm Ø

Für den Biskuit
80 g zimmerwarme Süßrahmbutter
80 g Zucker
2 g Salz
40 g Eigelb
112 g Mehl (Type 405)
6 g Backpulver

Für den Aufbau
200 g Napoleoncreme
  (siehe Napoleonschnitten, Seite 178)

Für die Aprikotur
50 g Aprikosenkonfitüre
20 g Wasser

Für die Dekoration
50 g Himbeeren
50 g Erdbeeren, entkelcht
50 g Brombeeren
50 g Mango
50 g Ananas
50 g Kiwi
20 g Dekorzucker
Minzblätter

Für den Biskuit
In einer Rührschüssel die Butter, den Zucker und das Salz mit dem Handrührgerät aufschlagen. In einer weiteren Schüssel das Eigelb mit einem kleinen Schneebesen schaumig rühren, dann zur Buttermasse geben. Bei mittlerer Geschwindigkeit rühren, bis die Masse schön schaumig ist. Das Mehl und das Backpulver mischen, dazusieben und mit einem Gummischaber unter den Teig ziehen. (Ist der Teig schon zu fest, kann man ihn auch mit der Hand durcharbeiten.)

Den Teig in Frischhaltefolie wickeln, zu einer etwa 2 cm dicken Platte flach drücken und für etwa 1 Stunde kühl stellen. Anschließend mit einem Rollholz etwa 1 cm dick ausrollen. Mit dem Ausstecher 30 Scheiben ausstechen und diese in die Silikon-Backmatte einlegen. Die Biskuits im vorgeheizten Ofen bei 180 °C 10–12 Minuten goldgelb backen. Herausnehmen und auskühlen lassen.

Für den Aufbau
Die Napoleoncreme in einen Spritzbeutel mit Lochtülle (Nr. 6; 6 mm Ø) geben und kleine Spiralen auf die Biskuits spritzen.

Für die Aprikotur
Die Aprikotur zubereiten (siehe Info Seite 89).

Für die Dekoration
Die Früchte in kleine Stücke schneiden und die Fours damit belegen. Die Aprikotur mit einem Pinsel auf die Früchte auftragen. Mit dem Dekorzucker bestreuen und mit Minzblättern dekorieren.

Tipp: Die Sommer-Fours können auch mit anderen Früchten der Saison dekoriert werden. Ideal für festliche Anlässe zusammen mit einem Glas Sekt!

Dill-Pannacotta mit Zitruskompott

ERGIBT 10 STÜCK

Zubereitung: etwa 1 Stunde plus 2 Stunden zum Gefrieren

Silikon-Backmatte mit 10 Halbkugelformen à 8 cm Ø

Für das Zitruskompott

20 g Zucker

2 g Speisestärke

5 Blatt Gelatine

120 g Orangensaft

225 g Orangenfilets

225 g Grapefruitfilets
   (von pinkfarbenen Früchten)

Für die Dill-Pannacotta

250 g Sahne

125 g Crème double

185 g Milch

95 g Zucker

Mark von ½ Vanilleschote

4 Blatt Gelatine

8 g Dillspitzen

Für den Teig

1 Biskuitplatte
   (Grundrezept »Helle Biskuitroulade«,
   siehe Seite 34), 10 Scheiben à 8 cm Ø
   ausgestochen

Für die Dekoration

10 Minzblätter

Pflanzenöl

Tipp: Legen Sie den Biskuitboden mit der Backhautseite auf die Mousse, damit das Törtchen nicht am Blech festklebt.

Für das Zitruskompott

In einer Schüssel den Zucker mit der Speisestärke mischen. Die Gelatine in eiskaltem Wasser einweichen. In einem Topf den Orangensaft zum Kochen bringen, dann die Speisestärke-Zucker-Mischung mit dem Schneebesen einrühren, bis die Flüssigkeit bindet. Den Topf vom Herd nehmen und die ausgedrückte Gelatine einrühren, bis sie sich aufgelöst hat. Die Fruchtfilets vorsichtig unterheben. Das Kompott gleichmäßig in die Halbkugelformen füllen.

Für die Dill-Pannacotta und den Aufbau

In einem Topf die Sahne, die Crème double, die Milch, den Zucker und das Vanillemark kurz aufkochen. Die Gelatine in eiskaltem Wasser einweichen. Die Dillspitzen fein hacken. Sobald die Sahnemischung kocht, den Topf vom Herd nehmen, die ausgedrückte Gelatine darin auflösen und den Dill einrühren. Die Pannacotta in einer Schüssel auf Eiswasser (oder auf gefrorenen Kühlakkus) unter ständigem Rühren herunterkühlen. Sobald die Masse zähfließend ist, diese in die mit dem Zitruskompott befüllten Halbkugelformen füllen. Die Biskuitscheiben mit der Backhautseite auf die Pannacotta auflegen (siehe Tipp). Die Dill-Pannacotta im Tiefkühlgerät für etwa 2 Stunden einfrieren. Die gefrorenen Törtchen aus der Backmatte herausdrücken und im Kühlschrank auftauen lassen.

Für die Dekoration

In einem kleinen Topf etwas Öl auf 180 °C erhitzen und die Minzblätter kurz darin frittieren. Mit einer Schaumkelle herausheben und auf Küchenpapier abtropfen lassen. Die Desserts mit je einem frittierten Minzblatt dekorieren.

Tropical Duchesse

ERGIBT 10 STÜCK

Zubereitung: 2 Stunden plus Trocknungszeit für die Rosenblütenblätter über Nacht
und 2 Stunden zum Kühlen des Tropical Cocktails | Backzeit: 7–8 Minuten pro Blech |
Backtemperatur: 170 °C Ober-/Unterhitze
10 Backringe mit 7,5 cm Ø

Für die kristallisierten Rosenblütenblätter
10 unbehandelte Rosenblütenblätter
etwas Hühnereiweiß
etwas Zucker

Für die Duchesse-Biskuits
120 g Eiweiß
105 g Zucker
80 g Haselnüsse, gerieben und geröstet
20 g Mehl (Type 405)

Für den Tropical Cocktail
Fett für die Backringe
250 g Bananen (etwa 3 Stück), geschält
300 g Mango, geschält und entsteint
200 g Ananas,
    geschält und Strunk befreit
8 Blatt Gelatine
160 g Zucker

Saft und Abrieb von
    1 unbehandelten Zitrone
160 g Wasser
120 g Passionsfruchtpüree
    (siehe Info Seite 97)
Mark von 1 Vanilleschote

Für die Mangocreme
225 g Sahne
150 g Crème double
20 g Zucker
Mark von ½ Vanilleschote
50 g Mangopüree (siehe Info Seite 97)
10 g Zitronensaft

Für den Aufbau
Puderzucker
180 g Mango, in 1 cm große
    Würfel geschnitten
10 Blatt Blattgold

Für die Rosenblütenblätter
Die Rosenblütenblätter mit einem Pinsel vorsichtig mit Eiweiß bestreichen (siehe Abb. 1) und
in Zucker wälzen. Den überschüssigen Zucker abschütteln und die Blätter auf einem Backblech über Nacht trocknen lassen.

(Fortsetzung auf Seite 190)

Für die Duchesse-Biskuits

Zunächst 40 Ringe mit 7,5 cm Ø auf mehreren Lagen Backpapier vorzeichnen. Das Eiweiß mit der Hälfte des Zuckers steif schlagen, dann den restlichen Zucker nach und nach dazugeben, bis steifer Eischnee entstanden ist. Die übrigen Zutaten mischen und vorsichtig unter den steifen Eischnee heben. Die Masse in einen Spritzbeutel geben, kleine Tupfen in die vorgezeichneten Ringe spritzen und mit einer kleinen Winkelpalette glatt streichen. Nacheinander im vorgeheizten Ofen bei 170 °C 7-8 Minuten backen, bis sie eine hellgoldene Backfarbe haben. Herausnehmen und auskühlen lassen.

Für den Tropical Cocktail

Die gefetteten Backringe auf eine Backmatte legen. Je einen Duchesse-Biskuit in einen Backring legen. Die Früchte in 1 cm große Würfel schneiden und beiseitestellen. Die Gelatine in eiskaltem Wasser einweichen. In einem Topf den Zucker trocken karamellisieren (siehe Grundrezept »Trockener Karamell« ohne Butter, Seite 64). Den Zitronensaft, das Wasser und das Passionsfruchtpüree dazugeben und köcheln lassen, bis der Zucker wieder flüssig ist. Den Zitronenabrieb und das Vanillemark unterrühren. Zuerst die Mango und die Ananas in den Karamell geben und vorsichtig 2 Minuten köcheln lassen. Dann die Bananenwürfel dazugeben und weitere 2 Minuten köcheln lassen. Die Masse vom Herd nehmen und die ausgedrückte Gelatine mit einem Kochlöffel vorsichtig einrühren. Den Cocktail etwa 1 Stunde im Kühlschrank abkühlen lassen, dann auf die mit Duchesse-Biskuits vorbereiteten Ringe verteilen. Je einen zweiten Duchesse-Biskuit auflegen und für etwa 1 Stunde kühl stellen, bis die Gelatine anzieht.

Für die Mangocreme

In einer Rührschüssel mit dem Handrührgerät die Sahne, die Crème double, den Zucker und das Vanillemark halbsteif aufschlagen. Das Mangopüree und den Zitronensaft dazugeben und weiter aufschlagen, bis die Creme steif ist.

Ein Drittel der Creme in einen Spritzbeutel mit Lochtülle (Nr. 10; 1 cm Ø) geben, den Rest der Creme in einen Spritzbeutel mit einer Schlaufentülle füllen.

Für den Aufbau

Zehn Duchesse-Biskuits auf ein Backblech legen, mit Puderzucker bestauben und mit einem Gasbrenner (siehe Info Seite 125) vorsichtig karamellisieren (siehe Abb. 2); beiseitestellen. Die zehn Tropical Cocktails aus den Ringen lösen und die Mangowürfel rundum darauf platzieren. In die Zwischenräume mit der Lochtülle kleine Cremetupfen spritzen (siehe Abb. 3). Je einen weiteren Duchesse-Biskuit auflegen und mit der Schlaufentülle die Creme wellenartig aufspritzen (siehe Abb. 4). Als Abschluss je einen karamellisierten Duchesse-Biskuit auflegen. Mit einem kleinen Cremetupfen, je einem kristallisierten Rosenblatt sowie einem Goldblatt dekorieren.

Tipp: Ein edles Törtchen sollte zu einem edlen Anlass serviert werden! Schmeckt am besten tagesfrisch, da die knusprigen Duchesse-Biskuits nach längerem Stehen weich werden.

Die Münchner Frauenkirche aus Schokolade

Einen meiner ersten großen Erfolge feierte ich 1989 zu meiner Zeit als Jungpatissière im Münchner Fünf-Sterne-Hotel »Park Hilton«. Ich erklärte meinem Küchenchef, dass ich an dem jährlichen Tortenwettbewerb beim »Ball der 1000 Torten« gerne für unser Hotel teilnehmen möchte und bekam das »Go«.

Einmal jährlich fand diese große Tortenschau statt, an der so ziemlich alle Münchner Konditoreien, Bäckereien, Hotels sowie die Meisterschule für Konditoren teilnahmen. Es war ein großer Saal voll mit den schönsten Torten, bunt verziert und mit tollen Dekorationen. Zwei Tage lang konnten die Zuschauer die Torten bewundern, dann wurden die Werke bewertet und die schönsten Stücke prämiert. Die Torten, die in den Jahren zuvor dort ausgestellt worden waren,

Die Münchner Frauenkirche aus Schokolade auf dem »Ball der 1000 Torten« 1989 in München

hatte ich als eher klassisch und unspektakulär empfunden, so dass mich mein Ehrgeiz packte, etwas ganz Neues und Beeindruckendes zu entwerfen.

Mit Hochdruck betrieb ich Brainstorming für den perfekten Einfall. An einem Wochenende beim Clubben auf der Tanzfläche kam mir dann die zündende Idee, die Münchner Frauenkirche aus Schokolade nachzubilden. Schokoladenschaustücke hatte ich zu der Zeit noch keine gesehen und ich war mir sicher, so etwas würde die Jury und die Besucher beeindrucken.

Ich war total aufgeregt von meinem Plan und sah das Schaustück schon bildlich vor meinem inneren Auge. Aber wie kam ich nun an Pläne, um die Kirche detailgenau nachzubilden? Damals gab es noch kein Internet. So eilte ich gleich zu Beginn der neuen Woche zur Süddeutschen Zeitung ins Archiv und ließ mir Luftaufnahmen der Kirche geben. Die Zeitungsleute wurden dabei ganz hellhörig und hatten später auch von meiner Torte berichtet.

Dann startete ich mein Projekt mit einem richtigen Bauplan. Nach meiner regulären Arbeit von acht Stunden begann ich, an meinem großen Werk zu bauen und werkelte täglich weitere sechs Stunden daran. Nach einer aufregenden Woche hatte ich das Schaustück kurz vor Abgabeschluss fertiggestellt. Nun gab es nur noch die Herausforderung, das Kunstwerk so schnell wie möglich und unversehrt zur Ausstellung zu befördern. Mein damaliges Auto, ein Renault 4 mit Revolverschaltung, wurde mit der Torte bestückt. Leider war es Winter

Erfolg für „Hilton"- Konditorin

Die Konditoren-Innung München–Oberbayern veranstaltet alljährlich im Fasching den „Ball der 1000 Torten", der aus einer monumentalen Tortenausstellung, einer begehrten Tanzveranstaltung und einer Tortentombola für wohltätige Zwecke besteht. Schauplatz ist das Deutsche Theater. Erstmals beteiligte sich das „Hilton" an dieser Gemeinschaftsaktion.

Die 23jährige Fabrikantentochter Beate Wöllstein aus Murnau ist Konditorin mit Gesellenbrief. Traumnoten verhalfen ihr nach einer erheblich verkürzten Lehrzeit zur sofortigen Einstellung in die Pâtisserie des Münchner „Hilton". Zehn Monate lang war sie seitdem „eine von sieben" mit Chefpâtissier Hans Peter Eitel an der Spitze. Doch jüngst konnte selbst dem Generalmanager Hugo Langer nicht länger verborgen bleiben, daß Küchenchef Peter Wender mit der Murnauerin einen Glückstreffer landete.

Denn ihre Idee, den Stadtkern der weiß-blauen Landeshauptstadt in Schokolade und Marzipan nachzubilden, brachte dem 600-Betten-Hotel beim diesjährigen „Ball der 1000 Torten" viel Publicity ein.

„Dreißig Stunden Freizeit habe ich in meinen süßen Stadtkern investiert", erzählt Beate Wöllstein, die von Küchenchef Peter Wender erst einmal die Erlaubnis einholen mußte, daß sie nach ihrer achtstündigen Arbeitszeit täglich noch weitere neun Stunden in der Pâtisserie zubringen durfte. Dank seiner Unterstützung wurde das erforderliche Material vom Hotel gestiftet. Chefpâtissier Hans Peter Eitel erinnert sich: „Ich muß zugeben, daß wir Kollegen zuerst eher skeptisch waren und glaubten, die Frauentürme und das Rathaus würden in sich zusammenstürzen." Aber Beate Wöllstein passierte dank exakter Berechnungen keine einzige Panne. Für nächstes Jahr will sie sich wieder einen Gag ausdenken, aus Spaß und Freude, aber auch um sich selber und ihrem Hotel zu erneutem Prestigegewinn zu verhelfen.

Ob ihr Beispiel in der Münchner Hotellerie Schule macht, wird sich erst 1990 zeigen, denn der traditionsreiche „Ball der 1000 Torten" wurde bisher überwiegend von Konditorei-Cafés zwischen Bayreuth und Berchtesgaden beschickt. Eine Ausnahme bildete der Münchner Hotelier und Konditormeister Werner Kirchlechner mit seinem 499 Jahre alten 150-Betten-Haus am Isartor – mit italienischem Nobelrestaurant und deutschem Konditorei-Café. Seit Jahrzehnten ist er mit mindestens 30 besonders originellen Schaustücken bei der alljährlichen Tortenrevue vertreten. Kein Wunder, als Innungs-Pressesprecher und beliebter Ball-Conférencier muß er seinen Kollegen mit gutem Beispiel vorangehen. „Heuer waren zwei meiner sieben Konditoren 60 Stunden damit beschäftigt, 31 Schaustücke anzufertigen, darunter eine vielbeachtete Polit-Torte über Norbert Blüms Gesundheitsreform", berichtet Hotelier Werner Kirchlechner, der für sein ausgeprägtes satirisches Talent in Sachen Torte bekannt ist. Sein diesjähriger Materialaufwand lag bei 500 DM.

„Diese Werbekosten sind kein rausgeworfenes Geld, denn gegen die negativen Auswirkungen der Nahrungsmittelskandale, Zucker- und Kalorienpsychose sollte man mit regelmäßigen, zugkräftigen und praxiserprobten Aktionen der gemeinschaftlichen Imagewerbung ankämpfen", meint der alteingesessene Münchner Hotelier mit einem optimistischen Blick in die Zukunft.

Anita Homolka-Enström

Beate Wöllstein, Konditorin im Münchner „Hilton", mit ihrer erfolgreichen Stadt-Torte.
Foto: Anita Homolka-Enström

und die Scheiben außen und innen komplett zugefroren. In großer Panik, den Abgabetermin nun doch noch zu verpassen, zündelte ich mir mit einem Feuerzeug ein kleines Guckloch in die Windschutzscheibe und raste abends durch den Stadtverkehr zur Ausstellung.

Die etwa 80 mal 50 Zentimeter große Torte wurde von vielen Gästen sehr bewundert und im Anschluss als schönste Torte Münchens prämiert. Sie wurde anschließend als Geschenk an einen EU-Kommissar, der der Veranstaltung als Gast beiwohnte, überreicht.

Der Fachartikel aus *Gastgewerbe Technik* 1989 zum Erfolg mit der schokoladenen Frauenkirche

4 GEBÄCK

Das Kapitel Gebäck widmet sich den vielen kleinen Köstlichkeiten aus der Confiserie. Sie finden hier Rezepte aus aller Welt, z. B. für französische Macarons und Madeleines oder arabische Baklawa. Die beliebten exotischen, aber auch heimischen Spezialitäten sorgen bestimmt für eine Überraschung bei Ihren Kaffeegästen!

Kugelbrioches

ERGIBT 10 STÜCK
Zubereitung: etwa 1 Stunde plus 1 Stunde zum Gehen |
Backzeit: etwa 20 Minuten / Backtemperatur: 180 °C Ober-/Unterhitze
10 Briocheförmchen

Für die Brioches
450 g Französischer Briocheteig
    (Grundrezept siehe Seite 20) mit bereits
    abgeschlossenem erstem Gärvorgang
    über 1 ½–2 Stunden
Fett und Mehl für die Förmchen

Für die Eistreiche
2 Eigelb
40 g Milch

Für die Brioches
Den Teig auf ein Backblech legen und zu einer etwa 2 cm dicken Platte flach drücken. Für etwa 20 Minuten zum Kühlen ins Tiefkühlgerät geben, damit der Gärprozess gestoppt wird und der Teig beim Verarbeiten nicht weiter aufgeht.

Für die Eistreiche
Inzwischen das Eigelb mit der Milch verrühren und beiseitestellen.

Sobald der Teig auf + 5 °C gekühlt ist, den Teig herausnehmen und auf die Arbeitsfläche legen. Zehn Stücke à 35 g und zehn kleine Stücke à 10 g auswiegen. Die großen Teigstücke zu Kugeln rollen und in die gefetteten und mit Mehl bestaubten Briocheförmchen legen. Mit dem Finger ein Loch in die Mitte drücken. Den Teig mit Eistreiche bestreichen. Die kleinen Teigstücke zu Kegeln formen. Mit der Spitze nach unten in die Vertiefung der großen Teigkugeln stecken und andrücken. Die Kegel ebenfalls mit Eistreiche bestreichen.

Die Förmchen in einen Behälter mit hohem Rand stellen. Mit einem feuchten Tuch bedecken und den Teig etwa 1 Stunde gehen lassen, bis sich sein Volumen verdoppelt hat.

Anschließend die Kugelbrioches im vorgeheizten Ofen bei 180 °C in etwa 20 Minuten goldgelb backen. Herausnehmen und abkühlen lassen. Aus den Förmchen stürzen.

Tipp: In Frankreich, aber auch in jedem 5-Sterne-Hotel, sind Brioches nicht mehr vom Frühstückstisch wegzudenken. Am besten schmecken sie mit Butter und selbst gemachter Marmelade.

Croissantecken mit Aprikosen

ERGIBT 20 STÜCK

Zubereitung: etwa 1 Stunde plus etwa 2 Stunden zum Gehen | Backzeit: 20–25 Minuten |
Backtemperatur: 170 °C Umluft oder 210 °C Ober-/Unterhitze

20 Backringe mit 7 cm Ø

Für die Croissantecken
Fett für die Backringe
1150 g Cronut-Grundteig
  (siehe Seite 30), touriert
400 g Crème pâtissière
10 Aprikosen, halbiert und entsteint

Für die Eistreiche
2 Eigelb
40 g Milch

Für die Dekoration
Puderzucker

Für die Croissantecken

Einen Behälter, in dem alle 20 Backringe Platz haben, mit Backpapier auslegen. Die gefetteten Backringe daraufstellen.

Den Teig zu einem 32 x 40 cm großen und 8 mm dicken Rechteck ausrollen. Mit einem Messer in 8 x 8 cm große Quadrate (insgesamt 20 Stück) schneiden. Die Teigstücke in die Backringe einlegen. Die Crème pâtissière in einen Spritzbeutel geben und gleichmäßig auf die Teigstücke spritzen. Jeweils eine halbe Aprikose (Schnittfläche nach unten) auflegen und die vier Teigenden auf die Aprikose klappen.

Für die Eistreiche

Das Eigelb mit der Milch verrühren und den Teig damit bestreichen.

Den Behälter mit einem feuchten Tuch bedecken und die Croissantecken etwa 2 Stunden bei Zimmertemperatur gehen lassen. Sobald sich das Volumen des Teiges verdoppelt hat, die Backringe auf ein Backblech setzen (das geht am besten zu zweit, indem man das Backpapier, auf dem die Backringe stehen, hochnimmt und auf das Blech transferiert). Die Croissantecken im vorgeheizten Ofen bei 170 °C Umluft oder 210 °C Ober-/Unterhitze in 20-25 Minuten gold-gelb backen. Herausnehmen und abkühlen lassen.

Für die Dekoration

Zum Servieren mit Puderzucker bestauben.

Whoopie Pie Banana (Sandwich Cookies)

ERGIBT 8 STÜCK
Zubereitung: etwa 1 Stunde | Backzeit: 8–10 Minuten | Backtemperatur: 175 °C Ober-/Unterhitze

Für den Whoopieteig
175 g Mehl (Type 405)
25 g Kakaopulver (z. B. Valrhona)
3 g Backpulver
2 g Natron
120 g Milch
55 g Rapsöl
100 g Zucker
20 g Eigelb
Mark von 1 Vanilleschote

Für die Bananensahne
125 g Bananen, geschält
70 g Sahne
10 g Zitronensaft
170 g Vollmilchkuvertüre (z. B. Valrhona
   Jivara mit 40 % Kakaoanteil)
540 g gut gekühlte Sahne

Zum Belegen
625 g Bananen, geschält

Für den Whoopieteig
Das Mehl, das Kakaopulver, das Backpulver und das Natron in eine Schüssel sieben. In einer Rührschüssel die Milch, das Rapsöl, den Zucker, das Eigelb und das Vanillemark mit dem Handrührgerät etwa 2 Minuten aufschlagen. Die Mehlmischung hinzufügen. Alles 2-3 Minuten mit dem Handrührgerät auf mittlerer Stufe verrühren, bis der Teig dickflüssig wird.

Ein Backblech mit einer Backmatte belegen. Den Teig in einen Spritzbeutel mit Lochtülle (Nr. 8; 8 mm Ø) geben und 16 Tupfen mit 5 cm Ø auf die Backmatte spritzen. Dazwischen jeweils 8 cm Abstand lassen, da sich die Cookies beim Backen ausdehnen. Vor dem Backen das Blech auf die Arbeitsfläche klopfen, damit die Tupfen etwas breiter laufen. Die Cookies im vorgeheizten Ofen bei 175 °C 8-10 Minuten backen. (Sie sollen saftig bleiben.) Herausnehmen und etwa 15 Minuten auskühlen lassen.

Für die Bananensahne
In einer Schüssel die Bananen, die Sahne und den Zitronensaft mit dem Pürierstab pürieren. Alles in einen Topf geben und kurz aufkochen lassen. Sobald die Masse kocht, den Topf vom Herd nehmen und die Kuvertüre hinzufügen. So lange rühren, bis sie sich aufgelöst hat. Den Bananenmix abkühlen lassen und ab und zu umrühren, damit die Creme gleichmäßig anzieht. Inzwischen die gut gekühlte Sahne (540 g) steif aufschlagen und im Kühlschrank beiseitestellen.

Sobald die Bananenmasse Zimmertemperatur erreicht hat, die Schlagsahne vorsichtig mit dem Schneebesen unterrühren. In einen Spritzbeutel mit Sterntülle (Nr. 12; 12 mm Ø) geben und einen Großteil davon kreisrund auf die Unterseite von acht Whoopie-Cookies aufspritzen.

Zum Belegen
Die Bananen in 2-3 mm dicke Scheiben schneiden und auf der Bananensahne anrichten. Einen kleinen Sahnetupfer auf die Bananen spritzen und jeweils einen Whoopie-Deckel obenauf setzen.

Chocolatechip Walnut Cookies

ERGIBT ETWA 20 STÜCK
Zubereitung: etwa 30 Minuten | Backzeit: 12–14 Minuten | Backtemperatur: 180 °C Ober-/Unterhitze

Für den Teig
60 g Walnusskerne
140 g backfeste Chocolatechips
   (z. B. Valrhona Zartbitter-Chips
   mit 60 % Kakaoanteil)
140 g Mehl (Type 405)
2 g Backpulver

100 g zimmerwarme Süßrahmbutter
50 g brauner Muscovadozucker
80 g Zucker
Mark von ½ Vanilleschote
2 g Salz
50 g Vollei

Für den Teig

Die Walnüsse grob hacken, mit den Chocolatechips mischen und beiseitestellen. Das Mehl mit dem Backpulver mischen, in eine Schüssel sieben und ebenfalls beiseitestellen.

Die Butter, die beiden Zuckersorten, das Vanillemark und das Salz in die Rührschüssel der Küchenmaschine geben und aufschlagen. Das Ei hinzufügen und unterarbeiten. Die Mehl-Backpulver-Mischung dazugeben und kurz verrühren, dann die Walnuss-Chocolatechips-Mischung vorsichtig einarbeiten.

Den Teig mit einem befeuchteten Eisportionierer portionsweise mit jeweils 8 cm Abstand auf einem mit einer Backmatte belegten Backblech platzieren (ergibt etwa 20 Portionen). Mit feuchten Händen die Teighäufchen etwas flach drücken. Die Cookies im vorgeheizten Ofen bei 180 °C 12-14 Minuten backen, bis sie leicht gebräunt sind. Herausnehmen und auf einem Kuchengitter auskühlen lassen.

Tipp: Cookies können wunderbar auf Vorrat hergestellt werden, denn sie sind etwa 4 Wochen haltbar. Dazu die abgekühlten Cookies in eine gut verschließbare Dose geben und kühl und dunkel lagern.

Limetten-Cronuts

ERGIBT 14–15 STÜCK
Zubereitung: etwa 1 ½ Stunden plus etwa 2 Stunden zum Gehen des Teiges
runde Ausstecher mit 3 bzw. 8,5 cm Ø

Für die Cronuts
1150 g Cronuts-Grundteig
   (Grundrezept siehe Seite 30), touriert
etwa 500 g gehärtetes Kokosfett

Für die Eistreiche
40 g Eigelb
40 g Milch

Für die Limettencreme
200 g plus 20 g Milch
30 g Süßrahmbutter
Mark von ½ Vanilleschote
40 g Eigelb
60 g Zucker
25 g Speisestärke
50 g Limettensaft
30 g Orangensaft

Für die Dekoration
150 g flüssiger Fondant (siehe Seite 310)
gelbe Lebensmittelfarbe
Limettenabrieb

Für die Cronuts

Den tourierten Teig aus dem Kühlschrank nehmen und auf eine Backmatte legen. Mit einem Rollholz zu einem 18 x 60 cm großen und 8 mm dicken Rechteck ausrollen. Mit dem großen Ausstecher 14-15 Scheiben ausstechen. Mit dem kleinen Ausstecher jeweils das Innere der Scheiben ausstechen, sodass ein Ring entsteht. Die Ringe auf eine Lage Backpapier legen.

Für die Eistreiche

In einer Schüssel das Eigelb mit der Milch verrühren. Die Ringe dünn mit der Mischung bestreichen, dann in einem großen Behälter mit mindestens 10 cm hohem Rand (z. B. Wanne) platzieren und diesen mit einem feuchtem Tuch abdecken, sodass das Tuch die Teiglinge nicht berührt. Für etwa 2 Stunden bei Zimmertemperatur (25 °C) gehen lassen, bis sie etwa 2 cm hoch sind.

Zum Frittieren das Fett in einen Topf geben und bei mittlerer Temperatur erhitzen (siehe Tipp). Ein Kuchengitter auf ein mit Küchenpapier bedecktes Backblech stellen. Die Cronuts portionsweise frittieren: Mit einem Schaumlöffel je zwei Teigringe vorsichtig ins heiße Fett gleiten lassen und in etwa 2 Minuten hellgolden ausbacken. Zwischendurch einmal wenden. Mit dem Schaumlöffel herausheben und zum Abtropfen und Auskühlen auf das Kuchengitter legen.

(Fortsetzung auf Seite 209)

Für die Limettencreme

In einem Topf 200 g Milch mit der Butter und dem Vanillemark kurz aufkochen lassen. In der Zwischenzeit die restliche Milch (20 g) mit dem Eigelb, dem Zucker und der Speisestärke zu einer glatten Creme verrühren, dann den Limetten- und den Orangensaft untermischen. Ein wenig von der heißen Vanillemilch über die Eigelbmasse gießen und alles glatt rühren. Dann die Masse zur restlichen Milch in den Topf geben und wieder auf den Herd stellen. Unter ständigem Rühren so lange kochen, bis eine glatte und leicht angedickte Creme entsteht. Vom Herd nehmen und in eine Schüssel geben. Unmittelbar auf der Cremeoberfläche mit Frischhaltefolie abdecken, damit sich keine Haut bildet, und abkühlen lassen.

Zum Befüllen der Cronuts die Limettencreme in einen Spritzbeutel mit langer Nadeltülle geben. Damit die Cronuts von unten sechs Mal einstechen und die Creme (insgesamt etwa 25 g Creme pro Cronut) vorsichtig einspritzen.

Für die Dekoration

In einem Topf den flüssigen Fondant vorsichtig unter ständigem Rühren auf etwa 40 °C erwärmen. Mit der Lebensmittelfarbe hellgelb einfärben. Den Fondant in einen Spritzbeutel füllen und in dünnen Linien auf die Cronuts spritzen. Mit Limettenabrieb bestreuen. Die Cronuts möglichst rasch servieren, denn als Fettgebäck schmecken sie frisch frittiert am besten!

Tipp: Das Frittierfett darf nicht zu heiß werden und zu rauchen beginnen, da es sonst verbrennt. Es darf aber auch nicht zu kalt sein, denn dann würde sich der Cronut mit Fett vollsaugen und dadurch sehr schwer und fettig im Geschmack werden. Die richtige Temperatur zum Frittieren liegt bei etwa 180 °C und wird mit einem Küchenthermometer gemessen.

Französische Macarons »Salted Caramel«

ERGIBT ETWA 30 STÜCK

Zubereitung: 1 Stunde plus 20–25 Minuten zum Trocknen der Macarons und 2 Stunden zum Kühlen der Füllung | Backzeit 11–12 Minuten | Backtemperatur: 150 °C Ober-/Unterhitze

Für die Macarons

100 g Eiweiß (die Eier bereits 48 Stunden
vor Verwendung aufschlagen und das
Eiweiß kühl lagern)
25 g Zucker
75 g plus 150 g Puderzucker
125 g Mandeln, gerieben
Fleur de Sel

Für die gesalzene Karamellfüllung

175 g Zucker
120 g Crème double
310 g zimmerwarme Süßrahmbutter
Fleur de Sel

Tipp: Die Macarons halten sich luftdicht verpackt im Tiefkühlgerät etwa 4 Wochen. Vor dem Verzehr zum Auftauen in den Kühlschrank legen.

Für die Macarons

Das Eiweiß und den Zucker in eine Rührschüssel geben und mit dem Handrührgerät aufschlagen. Nach und nach 75 g Puderzucker dazugeben, bis das Eiweiß steif ist. Die 150 g Puderzucker sieben, mit den Mandeln mischen, und mit einem Gummischaber unter den Eischnee rühren, bis die Masse cremig vom Löffel fällt.

Ein Backblech mit einer Backmatte belegen. Die Macaronmasse in einen Spritzbeutel mit Lochtülle (Nr. 8; 8 mm Ø) geben und etwa 60 kleine Tupfen auf die Backmatte spritzen. Das Blech auf die Arbeitsfläche klopfen, bis alle Spitzen eingesunken sind. Etwas Fleur de Sel auf die Oberflächen streuen. Die Macarons 20-25 Minuten bei Zimmertemperatur trocknen lassen, bis die Oberfläche eine dünne Haut bekommt. Dann im vorgeheizten Ofen bei 150 °C auf der unteren Schiene 11-12 Minuten backen. Herausnehmen und abkühlen lassen.

Für die gesalzene Karamellfüllung

In einem heißen Topf den Zucker zu einem trockenen Karamell kochen (siehe Grundrezept »Trockener Karamell«, Seite 64). Die Crème double hinzufügen und die Masse nochmals kurz aufkochen. Den Topf vom Herd nehmen und die Masse auf Zimmertemperatur abkühlen lassen. Dann erst die Butter dazugeben und gut unterrühren. Die Füllung mit Fleur de Sel abschmecken und im Kühlschrank für etwa 2 Stunden kühl stellen, bis sie fest ist.

Für den Aufbau

Vor dem Befüllen der Macarons die Karamellmasse mit dem Schneebesen schaumig rühren, dann in einen Spritzbeutel mit Lochtülle (Nr. 6; 6 mm Ø) füllen. Auf die glatte Seite der Hälfte der Macarons kleine Tupfen aufspritzen. Die restlichen Macarons auflegen und leicht andrücken, bis die Füllung gleichmäßig bis zum Rand kommt.

Baklawa

Während meines Aufenthaltes in Dubai konnte ich die feinsten und frischesten Baklawas aus Arabien kennenlernen. Baklawa ist dort eine der ältesten und traditionellsten Süßigkeiten, die auch bei den hohen Außentemperaturen bis zu 50 Grad Celsius gut zu lagern ist. Es hält die Hitze gut aus und ist ein köstlicher Abschluss nach einem ausgiebigen arabischen Menü. Es werden hauptsächlich Pistazien- und Cashewkerne für die Baklawas verwendet, das Gebäck wird dann mit viel Rosenwassersirup getränkt. Dieses Lilien-Baklawa ist mein absoluter Favorit! Es sieht schön aus und schmeckt unglaublich!

Baklawas – Arabic Sweet

ERGIBT 16 STÜCK

Zubereitung: etwa 1 Stunde plus 1 Tag zum Ruhen | Backzeit Nüsse: etwa 8 Minuten |
Backtemperatur Nüsse: 180 °C Ober-/Unterhitze | Backzeit Baklawas: etwa 35 Minuten |
Backtemperatur Baklawas: 200 °C Ober-/Unterhitze

Für die Füllung
100 g Cashewkerne
50 g Zucker

Für die Baklawas
200 g Butterschmalz (geklärte Butter)
250 g Filo- oder Yufkateig
  (10 Strudelteigblätter)

Für den Rosenwassersirup
170 g Zucker
80 g Wasser
35 g Rosenwasser

Für die Füllung

Die Cashewkerne klein hacken und mit dem Zucker vermengen. Die Mischung gleichmäßig
auf einem Backblech verteilen und im vorgeheizten Ofen bei 180 °C in etwa 8 Minuten goldgelb rösten. Herausnehmen und beiseitestellen.

Für die Baklawas

In einem Topf das Butterschmalz zerlassen. Dann das erste Filoteigblatt mithilfe eines Backpinsels dünn mit flüssigem Schmalz bestreichen und das nächste Teigblatt darauf legen, dieses wieder mit Schmalz bestreichen. So verfahren, bis alle Teigblätter aufeinander liegen (das
restliche Butterschmalz beiseitestellen). Den geschichteten Teig mit einem scharfen Messer in
16 gleichmäßige Stücke mit 7 x 7 cm schneiden. Die Cashewfüllung mit einem Teelöffel mittig
darauf verteilen. Mit zwei Fingern die Teigstücke an den Enden zu einer Lilie zusammendrücken (siehe Abbildung).

Die geformten Baklawas nebeneinander in eine ofenfeste Pfanne mit 22 cm Ø geben und das
restliche flüssige Butterschmalz darüber verteilen. Für etwa 10 Minuten im Kühlschrank kühl
stellen. Anschließend im vorgeheizten Ofen bei 200 °C in etwa 35 Minuten goldgelb backen.

Für den Rosenwassersirup

Inzwischen für den Rosenwassersirup alle Zutaten in einen Topf geben, kurz aufkochen, dann
vom Herd nehmen und abkühlen lassen. Die fertig gebackenen Baklawas aus dem Ofen nehmen und mit dem Rosenwassersirup bestreichen. Vor dem Verzehr 1 Tag im Kühlschrank
ruhen lassen.

Tipp: Die Cashewkerne können auch durch Pistazien oder Mandeln ersetzt werden.

Dubaier Weihnachtsstollen

ERGIBT 2 STÜCK

Zubereitung: etwa 1 ½ Stunden plus 4 Wochen zum Durchziehen der Rumfrüchte
sowie 3–4 Wochen zum Ruhen des gebackenen Stollens | Backzeit: 30–40 Minuten |
Backtemperatur: 180 °C Ober-/Unterhitze

Für die Rumfrüchte
100 g Rosinen
40 g Orangeat
40 g Zitronat
20 g Rum

Für den Hefeteig
760 g Schwerer Hefeteig
   (Grundrezept siehe Seite 18) mit bereits
   abgeschlossenem erstem Gärvorgang
   über 1 ½–2 Stunden

Zum Untermischen unter den Teig
100 g Mandeln, gehackt

Für die Marzipanfüllung
300 g Marzipanrohmasse

Für die Eistreiche
40 g Eigelb
20 g Milch

Für die Fertigstellung
210 g Süßrahmbutter,
   zerlassen und noch heiß
210 g selbst gemachter Vanillezucker
   zum Wenden (siehe Tipp)
180 g Puderzucker (oder Dekorzucker)
   zum Bestauben

Für die Rumfrüchte
Bereits 4 Wochen vor dem Backen die Rosinen, das Orangeat und das Zitronat in einem verschließbaren Behälter mit dem Rum ansetzen und die Früchte regelmäßig wenden, sodass sie gut durchziehen können.

Für den Hefeteig
Am Backtag die Luft aus dem Hefeteig kneten. Den Teig in eine Rührschüssel geben und die in Alkohol getränkten Früchte und die Mandeln dazugeben. Die Früchte vorsichtig unterarbeiten, damit diese nicht ihren Saft verlieren und den Teig grau einfärben.

Für die Marzipanfüllung
Das Marzipan in zwei Portionen teilen und diese auf einer Backmatte zu etwa 25 cm langen Rollen formen. Den Teig ebenfalls in zwei Portionen teilen und diese mit der Hand erst zu einer Kugel, dann zu einer gut 25 cm langen Rolle formen. Mit einem Rollholz jeweils längs eindrücken und je eine Marzipanrolle in die Mulden legen. Die beiden Stollen verschließen und auf ein mit Backpapier belegtes Backblech legen.

Für die Eistreiche
Das Eigelb mit der Milch verrühren. Die Stollen mit der Mischung bestreichen und etwa 15 Minuten bei Zimmertemperatur gehen lassen.

Die Weihnachtsstollen in den vorgeheizten Ofen geben und 250 ml Wasser auf den Ofenboden gießen (oder einen kleinen Metallbehälter auf dem Ofenboden mit aufheizen, dann das Wasser hineingießen). Die Tür sofort schließen, damit sich Wasserdampf bilden und das Gebäck aufgehen kann. Die Stollen bei 180 °C in 30-40 Minuten hellbraun backen. Herausnehmen und auf ein Kuchengitter setzen.

Für die Fertigstellung

Die Stollen sofort nach dem Backen mit der flüssigen, noch heißen Butter dick bestreichen. Anschließend im Vanillezucker wenden und auf ein Blech setzen. Die Stollen auskühlen lassen, dann dick mit Puderzucker bestauben und gut in Alufolie einwickeln. Vor dem Verzehr 3-4 Wochen ruhen lassen (siehe Info).

Vor dem Servieren nochmals dick mit Puderzucker bestauben und mit einem scharfen Sägemesser in 1 cm dicke Scheiben schneiden.

Info: Der Stollen braucht 3-4 Wochen, bis er reif ist. Damit die Butter nicht ranzig wird, muss man ihn dunkel und kühl aufbewahren. Man kann ihn mehrere Wochen lagern.

Tipps: Es lohnt sich, gleich eine größere Menge Vanillezucker herzustellen, denn der Rest kann in einem verschlossenen Glas bis zu einem Jahr aufbewahrt werden. Zur Zubereitung das Mark einer Vanilleschote herausschaben und mit 500 g Zucker gut vermischen. In einem geschlossenen Behälter einige Tage durchziehen lassen.

Anstelle der Rumfrüchte kann man auch gehackte Nüsse unter den Teig mischen.

Dieser Weihnachtsstollen hat sich sogar in Dubai größter Beliebtheit erfreut und wurde von »unseren Scheichs« gleich in großen Mengen bestellt, natürlich ganz ohne Alkohol! Direkt nach meiner Ankunft in Dubai – im Jahre 2001 in der Winterzeit, bei 40 Grad Celsius – musste ich sofort mit der Weihnachtsproduktion starten, um die vielen Vorbestellungen noch rechtzeitig fertig zu bekommen. Dies war eine kleine Herausforderung, denn ich musste meine Mitarbeiter, von denen die meisten aus Indien und Fernost kamen, erstmal auf die Besonderheiten des Stollens vorbereiten und sie richtig trainieren, damit die Stollen perfekt gerollt und gebacken wurden. In das vorliegende Rezept habe ich den Alkohol wieder hinzugegeben, damit die Früchte ein noch besseres Aroma erhalten.

»Wöllsteins Bergspitze« (Marzipan-Orangen-Makronen)

ERGIBT 30–40 STÜCK

Zubereitung: etwa 1 ¼ Stunden plus 30 Minuten zum Trocknen |
Backzeit: etwa 15 Minuten | Backtemperatur: 175 °C Ober-/Unterhitze

Für den Teig
450 g Marzipanrohmasse
115 g Puderzucker
30 g Eiweiß
12 g Grand Marnier
1 ½ TL Abrieb von
   1 unbehandelten Orange

Zum Verarbeiten
Puderzucker
30 g Eiweiß zum Befeuchten

Für die Dekoration
40 g Mandelsplitter (2 Stück pro Makrone)

Für den Teig

Alle Zutaten in eine Rührschüssel geben. Mit den Knethaken des Handrührgeräts auf mittlerer Stufe verkneten, bis der Teig leicht cremig wird. Die Arbeitsfläche mit Puderzucker bestauben. Den Teig darauf zu einer dicken Rolle mit etwa 3 cm Ø rollen, dann in etwa 1,5 cm dicke Scheiben (30-40 Stück) schneiden. Die Scheiben zu kleinen Kugeln formen.

Das Eiweiß in eine Schüssel geben und die Kugeln rundum damit befeuchten, damit anschließend der Puderzucker an ihnen haften bleibt (dazu am besten die Hand mit etwas Eiweiß benetzen und die Kugeln darin rollen). Die befeuchteten Kugeln in eine mit gesiebtem Puderzucker gefüllte Schüssel geben und darin wälzen. Danach jede Kugel nochmals kurz in der Hand rollen, um den überflüssigen Puderzucker zu entfernen.

Für die Dekoration

Die Kugeln auf ein mit Backpapier belegtes Backblech legen und zu einer Bergspitze formen. Dazu die Oberseite mit den Fingern zusammendrücken, sodass ein »Bergkamm« entsteht (siehe Abbildung). Jede Bergspitze mit zwei Mandelsplittern dekorieren (sie halten am besten, wenn man sie mit etwas Eiweiß fixiert).

Die Makronen 30 Minuten antrocknen lassen, dann im vorgeheizten Ofen bei 175 °C auf der unteren Schiene etwa 15 Minuten backen. Herausnehmen und auf einem Kuchengitter auskühlen lassen.

Tipp: Die Makronen sind in einer gut schließenden Gebäckdose etwa 4 Wochen haltbar.

Schokoladen-Kokos-Makronen mit Cranberries

ERGIBT ETWA 35 STÜCK

Zubereitung: etwa 1 ½ Stunden | Backzeit 12 Minuten | Backtemperatur: 170 °C Ober-/Unterhitze

Für den Makronenteig
80 g getrocknete, aber saftige Cranberries
115 g bittere Kuvertüre (z. B. Valrhona
   Araguani mit 72 % Kakaoanteil)
180 g Kokosraspel
150 g Zucker
90 g Eiweiß
Mark von 1 Vanilleschote
1 g Salz
20 g stark entöltes Kakaopulver
   (z. B. Valrhona)

Für die Fettglasur
200 g bittere Kuvertüre (z. B. Valrhona
   Araguani mit 72 % Kakaoanteil)
20 g gehärtetes Kokosfett

Für die Dekoration
Puderzucker

Für den Makronenteig

Die Cranberries mit einem Hackmesser auf einem Hackbrett klein hacken und beiseitestellen. Die Kuvertüre schmelzen (siehe Info Seite 102) und ebenfalls beiseitestellen.

In einem Topf die Kokosraspel, den Zucker, das Eiweiß, das Vanillemark und das Salz gut verrühren. Bei mittlerer Temperatur unter ständigem Rühren vorsichtig auf 60 °C erhitzen. Vom Herd nehmen und das Kakaopulver sowie die flüssige Kuvertüre unterrühren. Zum Schluss die gehackten Cranberries vorsichtig untermischen, dann die Masse abkühlen lassen.

Sobald die Makronenmasse abgekühlt ist, die Hände mit Wasser befeuchten und etwa 35 kleine Makronen formen. Auf ein Backblech mit Backmatte setzen und im vorgeheizten Ofen bei 170 °C etwa 12 Minuten backen. Herausnehmen und abkühlen lassen.

Für die Fettglasur

Die Kuvertüre schmelzen (siehe Info Seite 102). In einem Topf das Kokosfett langsam erwärmen; es darf aber nicht zu heiß werden! Beides gut verrühren, in eine flache Schale geben und auf Körpertemperatur abkühlen lassen.

Für die Dekoration

Die abgekühlten Makronen kurz in der lauwarmen Schokoladenfettglasur absetzen. Die Makronen wieder auf das Blech setzen und trocknen lassen. Mit Puderzucker bestauben.

Orangenstäbchen

ERGIBT 60–70 STÜCK

Zubereitung: 1 ½ Stunden plus 1 Stunde zum Kühlen oder 30 Minuten zum Gefrieren |
Backzeit: 8–10 Minuten pro Blech | Backtemperatur: 180 °C Ober-/Unterhitze

Für den Teig

250 g zimmerwarme Süßrahmbutter
135 g Puderzucker
Abrieb von 2 unbehandelten Orangen
35 g Orangeat, fein gehackt
14 g Orangenlikör
Mark von 1 Vanilleschote
1 Prise Salz
30 g Eigelb
400 g Mehl (Type 405)
100 g Mandeln, gerieben

Für die Füllung

250 g Orangenmarmelade, passiert
50 g Wasser

Für die Dekoration

250 g bittere Kuvertüre (z.B Valrhona
 Caraibe mit 66 % Kakaoanteil)
25 g gehärtetes Kokosfett
40 g Pistazien, gehackt

Tipp: Die Orangenstäbchen müssen gut trocknen, bevor man sie in eine Dose packt - einige Stunden bei Zimmertemperatur oder 30 Minuten im Kühlschrank.

Kühl aufbewahrt sind die Plätzchen in einer Gebäckdose etwa 4 Wochen haltbar.

Für den Teig

In einer Schüssel die Butter, den Puderzucker, den Orangenabrieb, das Orangeat, den Likör, das Vanillemark und das Salz mischen und mit der Hand zu einem weichen Teig verkneten. Das Eigelb hinzufügen und einarbeiten. Zuletzt das Mehl und die Mandeln dazugeben und alles zu einem homogenen Teig verkneten. Den Teig in Frischhaltefolie wickeln und zu einer etwa 2 cm dicken Platte flach drücken. Im Kühlschrank für etwa 1 Stunde kühl stellen oder im Tiefkühlgerät für etwa 30 Minuten gefrieren.

Anschließend den gekühlten Teig mit einem Rollholz etwa 3 mm dick ausrollen.

Mithilfe eines Lineals und eines scharfen Messers den Teig in 120-140 Streifen à 2 x 5 cm schneiden und diese mit etwas Abstand zueinander auf zwei Backbleche mit Backmatten legen. Nacheinander im vorgeheizten Ofen bei 180 °C in 8-10 Minuten hell backen. Herausnehmen und abkühlen lassen. Die Hälfte der Plätzchen zum Befüllen umdrehen.

Für die Füllung

In einem kleinen Topf die Orangenmarmelade mit dem Wasser kurz aufkochen, dann abkühlen lassen. In einen Spritzbeutel füllen und kleine Linien auf die glatte Seite der Hälfte der Plätzchen spritzen. Je ein zweites Plätzchen obenauf setzen und leicht andrücken.

Für die Dekoration

Die Kuvertüre schmelzen (siehe Info Seite 102). In einem kleinen Topf das Kokosfett erwärmen, bis es flüssig ist, und in die Kuvertüre einrühren. Die Fettglasur etwa 1 Minute gut durchrühren, dann die Plätzchen zur Hälfte darin eintauchen. Mit den gehackten Pistazien dekorieren, solange die Schokolade weich ist. Dann gut trocknen lassen und in einer Dose kühl aufbewahren.

Madeleines

ERGIBT ETWA 70 STÜCK
Zubereitung: etwa 30 Minuten plus Ruhezeit über Nacht |
Backzeit: 8–10 Minuten pro Blech | Backtemperatur: 220 °C Ober-/Unterhitze
Silikon-Backmatten mit insgesamt etwa 70 Vertiefungen für Madeleines

Für den Teig
200 g Vollei
2 g Salz
170 g Zucker
30 g Blütenhonig
10 g Abrieb von 1 unbehandelten Orange
200 g Mehl (Type 405)
7 g Backpulver
165 g Süßrahmbutter

Für den Teig

In einer Rührschüssel die Eier, das Salz, den Zucker, den Honig und den Orangenabrieb mit dem Handrührgerät leicht schaumig schlagen. Das Mehl mit dem Backpulver sieben und vorsichtig in die Eiermasse einrühren. In einem kleinen Topf die Butter zerlassen, anschließend behutsam mit dem Schneebesen unter die Masse mengen und alles gut verrühren. Den Teig mit Frischhaltefolie abgedeckt über Nacht im Kühlschrank ruhen lassen.

Am nächsten Tag den Teig in einen Spritzbeutel mit Lochtülle (Nr. 8; 8 mm Ø) geben und die Vertiefungen der Silikon-Backmatten zu drei Viertel befüllen. Die Madeleines nacheinander im vorgeheizten Ofen bei 220 °C in 8-10 Minuten hellgold backen. (Sie bekommen beim Backen einen kleinen Bauch.) Herausnehmen und abkühlen lassen. Dann erst aus der Matte stürzen.

Tipp: Die Madeleines schmecken zwar frisch am besten, behalten aber auch beim Einfrieren in einem verschlossenen Behälter bis zu 4 Wochen ihre Frische. Vor dem Servieren kurz auftauen lassen.

Südtiroler Hausfreunde (Mandelgebäck)

ERGIBT ETWA 60 STÜCK
Zubereitung: etwa 30 Minuten | Backzeit: etwa 25 Minuten | Backtemperatur: 200 °C Ober-/Unterhitze

Für den Teig
150 g Vollei
250 g Zucker
450 g Mehl (Type 405), mehr nach Bedarf
1 Msp. Natron
200 g Rosinen
200 g ganze Mandeln
100 g Mandelstifte
Puderzucker zum Bestauben

Für den Teig

In einer Rührschüssel die Eier und den Zucker mit dem Handrührgerät schaumig rühren. Das Mehl mit dem Natron mischen und unter die Eiermasse rühren. Zum Schluss die Rosinen, die ganzen Mandeln und die Mandelstifte unterkneten. Falls der Teig zu klebrig ist, noch etwas Mehl einarbeiten, bis er trocken und geschmeidig ist. Den Teig zu einer langen Rolle mit 5 cm Ø formen und auf ein Backblech legen.

Die Rolle im vorgeheizten Ofen bei 200 °C etwa 25 Minuten backen, bis sie ganz leicht gebräunt ist. Herausnehmen und etwas abkühlen lassen. Noch lauwarm in 1 cm dicke Scheiben (etwa 60 Stück) schneiden. Als Rolle noch zusammenlassen und mit Puderzucker bestauben. Vollständig abkühlen lassen. In einer Gebäckdose sind die Kekse mehrere Wochen haltbar.

Dieses uralte Rezept stammt aus meiner wunderbaren Zeit in Südtirol. 1998 habe ich in Colfosco/Alta Badia auf 1645 Metern Höhe in einem Hotel gearbeitet und den Ausblick von meiner Backstube auf die Dolomiten genossen. Diese köstlichen Kekse gab es das ganze Jahr über zum Cappuccino.

Pralinen-Ecken

ERGIBT 50–60 STÜCK
Zubereitung: etwa 1 ½ Stunden plus 1 Stunde zum Kühlen oder 30 Minuten zum Gefrieren |
Backzeit: 8–10 Minuten pro Blech | Backtemperatur: 180 °C Ober-/Unterhitze
quadratischer Ausstecher mit 4 x 4 cm

Für den Teig
140 g zimmerwarme Süßrahmbutter
80 g Zucker
1 Prise Salz
1 ½ TL Abrieb von
  1 unbehandelten Zitrone
100 g Pralinenpaste mit einem Haselnuss-
  Mandel-Anteil von je 25 % in der
  Pralinenmasse (z. B. Valrhona)
255 g Mehl (Type 550)
20 g Milch plus etwas Milch
  zum Bestreichen

Für die Füllung
120 g Vollmilchkuvertüre (z. B. Valrhona
  Jivara mit einem Kakaoanteil von 40 %)
120 g Pralinenpaste mit einem Haselnuss-
  Mandel-Anteil von je 25 % in der
  Pralinenmasse (z. B. Valrhona)

Für die Dekoration
50 g flüssiger Fondant (siehe Seite 310)
50 g Vollmilchkuvertüre (z. B. Valrhona
  Jivara mit einem Kakaoanteil von 40 %)
Pistazien, gehackt

Tipp: In einer Keks-dose sind die Bis-kuits bei kühler Lagerung etwa 4 Wochen haltbar.

Für den Teig
In einer Schüssel die Butter, den Zucker, das Salz und den Zitronenabrieb weich kneten, dann die Pralinenpaste einarbeiten. Das Mehl und die Milch abwechselnd dazugeben und alles zu einem homogenen Teig verkneten. Den Teig in Frischhaltefolie wickeln und zu einer etwa 2 cm dicken Platte flach drücken. Für etwa 1 Stunde im Kühlschrank kühl stellen oder für etwa 30 Minuten ins Tiefkühlgerät geben.

Anschließend den gekühlten Teig mit einem Rollholz etwa 4 mm dick ausrollen. Mit dem Aus-stecher 100-120 Quadrate ausstechen und auf 2-3 Backbleche mit Backmatte legen. Mit etwas Milch bestreichen, dann nacheinander im vorgeheizten Ofen bei 180 °C 8-10 Minuten backen. Herausnehmen und abkühlen lassen. Die Hälfte der Plätzchen umdrehen.

Für die Füllung
Die Kuvertüre schmelzen (siehe Info Seite 102) und mit der Pralinenpaste verrühren. In einen Spritzbeutel geben und kleine Tupfen auf die Unterseite der Hälfte der Plätzchen spritzen. Ein zweites Plätzchen obenauf setzen und leicht andrücken.

Für die Dekoration
Den flüssigen Fondant in einen Topf geben und unter Rühren vorsichtig auf etwa 40 °C erwär-men. Die Kuvertüre einrühren, bis sie sich vollständig aufgelöst hat. Noch etwas Wasser dazu-geben und erneut verrühren. Die Masse soll zum Verarbeiten etwa 40 °C warm sein und nicht zu dünnflüssig werden. In einen kleinen Spritzbeutel füllen und die Plätzchen damit beliebig dekorieren. Mit gehackten Pistazien bestreuen, solange der Fondant noch weich ist.

London aus Lebkuchen – Gingerbread Display

Der *Münchner Merkur* berichtet 2007 über »London City« aus Lebkuchen

Das seinerzeit spektakulärste Gebilde aus Lebkuchen baute ich 2007 in London im »Grosvenor House«. Das Hotel, für das ich einst über einen Headhunter als Executive Pastry Chef engagiert wurde, bot mir viele Möglichkeiten, meine Kreativität voll auszuleben. Galt es doch, meine Mission zu erfüllen und die gesamte Patisserie auf Fünf-Sterne-Luxusniveau zu heben. Das Haus bat mich um die Fertigung eines Schaustücks für die Hotellobby zur Weihnachtszeit. In nur wenigen Tagen schon sollte ich die ersten Ideen vorstellen. Nach kurzer Zeit hatte ich den grandiosen Einfall, London aus Lebkuchen nachzubauen. Ich plante unser Hotel mit vielen Sehenswürdigkeiten wie dem Hydepark, Big Ben, Trafalgar Square, London Eye und dem Westminster-Palast. Entsprechend sollte es kein kleines Schaustück werden. Ich dachte da an XXL-Größe mit einem Durchmesser von zwei Metern. Euphorisch stellte ich meine Idee beim General Manager vor. Sie beeindruckte ihn sehr, und ich startete daraufhin auch schon mit der großen Planung. Vorneweg musste ein großer Architekturplan erstellt werden, nach dem dann alle Bauwerke maßstabsgetreu erstellt wurden.

London-City aus Lebkuchen

Ein Lebkuchenhaus mit Dorf – das war Beate Woellstein zu wenig. Drum opferte die Konditorin aus Garmisch-Partenkirchen ihre Freizeit und fertigte statt des vom Chef gewünschten Knusperhäuschens gleich eine ganze Stadt: London City. Vier Wochen und insgesamt knapp 300 Arbeitsstunden investierte die 42-Jährige für dieses außergewöhnliche Projekt. Die Arbeit hat sich gelohnt: Der 50 Kilogramm schwere und 2,5 Meter lange Lebkuchenbau zeigt den Londoner Landscape mit Westminster, das London Eye, den Trafalgar Square sowie das Hotel „The Grosvenor House" am Hyde Park, in dem die Garmisch-Partenkirchnerin arbeitet. Dort ist die süße Versuchung noch bis 21. Dezember zu bewundern. mih/kjk

Auf dieser Basis plante ich die Einzelteile der Gebäude bis ins Detail, die statisch auch genau berechnet werden mussten, damit die Gebäude später nicht in sich zusammenfielen.

Mit meinem Plan ausgestattet, wurde mir daraufhin ein großer Bankett-Raum für 40 Personen für den Bau zur Verfügung gestellt. Dieser Saal konnte somit in der Hauptsaison nicht für Events gebucht werden. Ich freute mich sehr über das Vertrauen, das man mir entgegenbrachte.

Auch hier konnte ich erst nach meinem Tagesgeschäft mit den aufwendigen Arbeiten am Schaustück beginnen. Nach 300 Arbeitsstunden war mein Werk vollendet. Beim Anbringen von besonders kniffligen Bauteilen und beim nächtlichen Aufbau morgens um 2.00 Uhr in der Hotellobby, hatte ich zum Glück noch eine helfende Hand aus meinem Team zur Seite. Nach vier Stunden harter Arbeit stand dann endlich London aus Lebkuchen fertig aufgebaut im Foyer des Hauses.

Dieses Schaustück erweckte sehr großes Medieninteresse und es wurde weltweit in der Presse darüber berichtet. Das gesamte Hotel-Group-Management Englands sowie zahlreiche Kollegen freuten sich mit mir über diesen Erfolg.

Gingerbread Display: Aufbau im Foyer des Londoner »Grosvenor House« zu Weihnachten 2007

5 DESSERTS

Feine Desserts sind der krönende Abschluss eines jeden Menüs, aber auch solo ein echtes Highlight! Ob raffiniert oder puristisch, Desserts kommen immer gut an. Darf es Créme brulée mit Grüntee-Eis sein oder doch das exotische Mojito-Parfait? Tauchen Sie ein in die Welt der Nachspeisen und finden Sie im nachfolgenden Kapitel köstliche Dessertvorschläge rund um den Kontinent.

Bananenfritters mit Kokos-Espuma und gepfefferter Schokoladensauce

ERGIBT 6 PORTIONEN
Zubereitung: etwa 1 ½ Stunden plus 3 Stunden zum Kühlen für die Espuma
1 Espuma-Siphon (1 l Inhalt) plus 2 Gaspatronen

Für die Kokos-Espuma
3 Blatt Gelatine
450 g Kokosmilch
50 g Puderzucker
50 g Zitronensaft

Für die gepfefferte Schokoladensauce
200 g plus 50 g Wasser
170 g Zucker
40 g stark entöltes Kakaopulver
   (z. B. Valrhona)
12 g Speisestärke

20 g bittere Kuvertüre (z. B. Valrhona
   Araguani mit 72 % Kakaonteil)
schwarzer Pfeffer aus der Mühle

Für die Bananenfritters
150 g Tempurapuder (Asienladen)
200 g Wasser
6 Bananen
500 g gehärtetes Kokosfett zum Frittieren
Puderzucker zum Bestauben
   (nach Belieben)

Für die Kokos-Espuma
Die Gelatine in eiskaltem Wasser einweichen. In einem kleinen Topf einen Großteil der Kokos-milch, den Puderzucker und den Zitronensaft erwärmen. Die Gelatine ausdrücken, mit der restlichen Kokosmilch in einem separaten Topf erwärmen und darin auflösen. Die flüssige Ge-latine mit dem Schneebesen in die warme Kokosmilch einrühren und den Topf vom Herd neh-men. Sobald der Espuma-Mix abgekühlt ist, in den Espuma-Siphon geben und zwei Gaspatro-nen einfüllen. Die Flasche für etwa 3 Stunden kalt stellen.

Für die Schokoladensauce
In einem Topf 200 g Wasser, den Zucker und das Kakaopulver aufkochen. In einer kleinen Schüssel die Speisestärke mit dem restlichen Wasser (50 g) mit dem Schneebesen vermischen, dann in die kochende Flüssigkeit einrühren. Unter ständigem Rühren kochen, bis die Sauce andickt. Den Topf vom Herd nehmen und die Kuvertüre einrühren, bis sie sich aufgelöst hat. Bei Bedarf die Sauce durch ein Sieb passieren, um eventuell vorhandene Klümpchen zu entfer-nen. Zuletzt die Sauce mit schwarzem Pfeffer abschmecken, bis die Schärfe spürbar ist. Abküh-len lassen.

(Fortsetzung auf Seite 238)

Für die Bananenfritters

Den Tempurapuder mit dem Wasser zu einem Tempurateig verrühren und etwa 10 Minuten quellen lassen (siehe Abb. 1). In der Zwischenzeit die Bananen schälen und einmal quer, dann einmal längs halbieren, sodass jede Banane in vier Stücke geteilt wird.

Das Frittierfett in einem Topf erhitzen (siehe Tipp Seite 209). Die Bananen in den Tempurateig eintauchen (siehe Abb. 2) und nacheinander (vier Stücke auf einmal) vorsichtig in das heiße Fett gleiten lassen. Nach 3-4 Minuten die goldgelb gebackenen Fritters mit einem Schaumlöffel herausheben (siehe Abb. 3) und kurz auf Küchenpapier entfetten.

Zum Anrichten den Espuma-Siphon aus dem Kühlschrank nehmen und kräftig schütteln. Die Kokos-Espuma in ein Glas spritzen (siehe Abb. 4, sie hält aufgeschäumt etwa 3 Minuten und muss daher rasch serviert werden). Zusammen mit der abgekühlten Schokoladensauce zu den noch heißen Bananenfritters servieren. Die Fritters nach Belieben mit Puderzucker bestauben.

Tipps: Das Frittierfett kann mehrmals verwendet werden und sollte nach dem Gebrauch gesiebt und zur Aufbewahrung in einen sauberen Behälter gefüllt werden.

Die Kokos-Espuma kann für etwa 1 Woche im Espuma-Siphon gelagert und mehrmals verwendet werden.

Das Eton Mess, ein fruchtig-leichtes Sommerdessert, war schon im 19. Jahrhundert bekannt. Seitdem wird es zu den tradtionellen, jährlich stattfindenden Cricket-Turnieren des Eton College gegen die Studenten der Harrow School serviert.

Eton Mess

ERGIBT 6 PORTIONEN
Zubereitung: 45 Minuten plus Zeit zum Trocknen über Nacht |
Backzeit: 3–4 Stunden | Backtemperatur: 80 °C Ober-/Unterhitze

Für die französische Meringue
100 g Eiweiß
100 g Zucker
2 g Salz
100 g Puderzucker

Für den Aufbau
150 g gut gekühlte Crème double
350 g Erdbeeren

Für die Dekoration
6 Erdbeeren mit Kelch
6 Minzblätter

Für die Meringue
Das Eiweiß, den Zucker und das Salz in eine Rührschüssel geben. Auf ein Wasserbad setzen, wobei die Schüssel das Wasser im Topf nicht berühren soll, und unter ständigem Rühren auf etwa 80 °C erhitzen (mit einem Zucker- oder Küchenthermometer messen). Die Meringuemasse in eine Rührmaschine (z.B. KitchenAid, siehe auch Seite 312) geben und kalt schlagen. Den Puderzucker sieben und vorsichtig unterheben.

Ein Backblech mit einer Backmatte belegen. Von der Meringuemasse 80 g abnehmen, in einen Spritzbeutel mit Lochtülle (Nr. 10; 1 cm Ø) geben und kleine Tupfen auf die Backmatte spritzen (Verwendung der restlichen Meringue siehe Tipp). Im vorgeheizten Ofen bei 80 °C 3–4 Stunden backen. Anschließend im ausgeschalteten Herd bei spaltbreit geöffneter Ofentür über Nacht trocknen lassen.

Für den Aufbau
50 g Meringuetupfen grob hacken. In einer Rührschüssel die Crème double mit dem Handrührgerät steif schlagen. Die Erdbeeren waschen, trocknen und entkelchen. Etwa ein Drittel der Früchte klein würfeln, die restlichen Erdbeeren mit dem Pürierstab pürieren. Die steife Crème double mit den Meringue-Stückchen mischen und abwechselnd mit dem Erdbeerpüree und den Erdbeerwürfeln in sechs Cognac-Schwenker füllen.

Für die Dekoration
Zum Servieren das Dessert mit den nicht entkelchten, längs halbierten Erdbeeren und der Minze dekorieren.

Tipp: Hier werden nur 50 g Meringue benötigt, aber eine so kleine Menge herzustellen, ist nicht rationell. Verbacken Sie die nicht benötigte Meringuemasse zu kleinen Tupfen - sie schmecken pur oder dekorieren weitere Desserts.

Nougat de Montélimar

ERGIBT 12 PORTIONEN
Zubereitung: etwa 1 ½ Stunden plus Ruhezeit über Nacht
Backring mit 18 cm Ø und 3,5 cm Randhöhe

Für den Nougat
165 g Bienenhonig
25 g plus 35 g Glukose
335 g Zucker
50 g Wasser
75 g Eiweiß
165 g ganze Haselnüsse (geschält)
165 g ganze Mandeln (gehäutet)
85 g ganze Pistazien (geschält)
85 g bittere Kuvertüre (z. B. Valrhona
   Caraibe mit 66 % Kakaoanteil)

Außerdem
Fett für den Backring

Für die Fettglasur
100 g bittere Kuvertüre (z. B. Valrhona
   Caraibe mit 66 % Kakaoanteil)
10 g gehärtetes Kokosfett

Für den Nougat

Bereits am Vortag in einem Topf den Honig mit 25 g Glukose auf 125 °C erhitzen. In einem zweiten Topf den Zucker mit 35 g Glukose und dem Wasser auf 150 °C erhitzen. In der Rührschüssel der Küchenmaschine das Eiweiß steif schlagen.

Die auf 125 °C erhitzte Honig-Glukose-Masse langsam in den Eischnee einrühren und 10 Minuten auf mittlerer Stufe weiterschlagen. Anschließend die 150 °C heiße Zucker-Glukose-Masse in die Eischneemasse einrühren und etwa 10 Minuten bei mittlerer Stufe schlagen, bis die Masse lauwarm ist. Währenddessen die Nüsse, Mandeln und Pistazien im Backofen anwärmen. Dann dazugeben und kurz unterrühren.

Die Rührschüssel aus der Küchenmaschine nehmen. Die Kuvertüre schmelzen (siehe Info Seite 102), dann rasch und grob mit einem Gummischaber unterheben. Die Masse zügig in den gefetteten, auf Backpapier gesetzten Backring einfüllen und mit Backpapier bedecken. Den Nougat über Nacht bei Zimmertemperatur ruhen lassen, dann am nächsten Tag aus dem Backring lösen.

Für die Fettglasur

Die Kuvertüre schmelzen (siehe Info Seite 102). In einem kleinen Topf das Kokosfett bei niedriger Temperatur zerlassen, dann unter die flüssige Kuvertüre rühren. Den Nougat auf der Unterseite und am Rand mit der Fettglasur bestreichen. Trocknen lassen.

Tipp: Luftdicht bei Zimmertemperatur gelagert ist der Nougat 4-6 Wochen haltbar.

Profiteroles-Cocktail »Caroline«

ERGIBT 10 PORTIONEN
Zubereitungszeit: etwa 2 Stunden plus 1–2 Stunden zum Kühlen |
Backzeit: etwa 20 Minuten | Backtemperatur: 220 °C Ober-/Unterhitze

Für die Profiteroles
400 g Brandteig
  (Grundrezept siehe Seite 46)

Für die Himbeercremefüllung
200 g plus 20 g Milch
30 g Süßrahmbutter
Mark von ½ Vanilleschote
40 g Eigelb
60 g Zucker
25 g Speisestärke
65 g Himbeerpüree (siehe Info Seite 97)
15 g Limettensaft

Für die Himbeer-Schoko-Sauce
240 g Sahne
65 g Himbeerpüree (siehe Info Seite 97)
180 g weiße Kuvertüre (z. B. Valrhona
  Ivoire mit 35 % Kakaoanteil)
15 g Himbeergeist
1 Msp. rote Lebensmittelfarbe (Pulver)

Für die Dekoration
100 g bittere Kuvertüre (z. B. Valrhona
  Caraibe mit 66 % Kakaoanteil)
10 g gehärtetes Kokosfett
250 g Himbeeren
Schokoladendekor nach Wahl
  (siehe Seite 102)

Für die Profiteroles
Den Brandteig in einen Spritzbeutel mit Lochtülle (Nr. 6; 6 mm Ø) geben und 50-60 kleine Tupfen mit jeweils 4 cm Abstand auf ein Backblech mit Backmatte spritzen. Das Blech in den vorgeheizten Ofen schieben, sofort eine Espressotasse Wasser auf den Ofenboden gießen und die Tür schnell schließen - so kann Wasserdampf entstehen, der die Profiteroles schön aufgehen lässt. Die Profiteroles bei 220 °C etwa 20 Minuten backen. Herausnehmen und abkühlen lassen, dann mit einer Lochtülle am Boden der Profiteroles jeweils eine kleine Öffnung eindrücken.

Für die Himbeercremefüllung
In einem Topf die Milch (200 g) mit der Butter und dem Vanillemark kurz aufkochen lassen. In der Zwischenzeit die restliche Milch (20 g), das Eigelb, den Zucker, die Speisestärke und das Himbeerpüree zu einer glatten Creme verrühren. Zuletzt den Limettensaft dazugeben. Etwas von der heißen Vanillemilch über die Eigelbmasse gießen und glatt rühren. Zur restlichen Vanillemilch in den Topf geben und zurück auf den Herd stellen. Unter ständigem Rühren so lange kochen, bis die Creme andickt. In eine Schüssel geben, unmittelbar auf der Cremeoberfläche mit Frischhaltefolie abdecken, damit sich keine Haut bildet, und abkühlen lassen.

(Fortsetzung auf Seite 247)

Die abgekühlte Creme in einen Spritzbeutel mit Lochtülle (Nr. 6; 6 mm Ø) geben und die Profiteroles vorsichtig befüllen. Im Kühlschrank beiseitestellen.

Für die Himbeer-Schoko-Sauce

In einem Topf die Sahne und das Himbeerpüree kurz aufkochen, dann vom Herd nehmen. Die weiße Kuvertüre einrühren, bis sie sich aufgelöst hat. Den Himbeergeist sowie die rote Lebensmittelfarbe dazugeben und mit dem Schneebesen verrühren, bis die Masse zart rosafarben ist. Für etwa 1 Stunde im Kühlschrank kühl stellen.

Für die Dekoration

Die Kuvertüre schmelzen (siehe Info Seite 102) und in einem kleinen Topf das Kokosfett erwärmen, bis es flüssig ist. Die Kuvertüre und das Kokosfett mischen. Die Profiteroles nacheinander bis zur Hälfte darin eintauchen und auf einer Lage Backpapier absetzen. Im Kühlschrank für etwa 20 Minuten kühl stellen, bis die Schokolade angezogen ist.

Für den Aufbau

Die gefüllten Profiteroles abwechselnd mit einigen Himbeeren auf zehn Martinigläser verteilen. Die kühle Himbeer-Schoko-Sauce darüberlaufen lassen. Mit den restlichen Himbeeren und dem Schokoladendekor dekorieren.

Tipp: Dieses wunderbare, fruchtig-cremige Dessert sollte möglichst frisch verzehrt werden. Ein Glas prickelnder Pink Secco passt ausgezeichnet dazu.

Männer-Dessert

ERGIBT 15 STÜCK
Zubereitung: etwa 1 ½ Stunden plus 20 Minuten zum Trocknen der Macarons |
Backzeit: etwa 10 Minuten pro Blech | Backtemperatur: 160 °C Ober-/Unterhitze

Für die pikanten Macarons
150 g plus 75 g Puderzucker
125 g Mandeln, gerieben
100 g Eiweiß (die Eier bereits 48 Stunden
    vor Verwendung aufschlagen und das
    Eiweiß kühl lagern)
25 g Zucker
2 g Salz
Pfeffer aus der Mühle

Für die Avocadomousse
150 g gut gekühlte Sahne
535 g reife Avocado (etwa 3 ½ Avocados)

75 g Puderzucker
6 g Balsamicoessig
5 g Zitronenessig
25 g Zitronensaft
0,3 g Zitronensäure (1 Prise)
4 Blatt Gelatine

Für den Aufbau
150 Granatapfelkerne (1–2 frische
    Granatäpfel oder Fertigprodukt)
45 sehr kleine Minzblätter
15 Schnittlauchhalme
15 g Crema di Balsamico

Für die Macarons

In einer Schüssel 150 g Puderzucker mit den geriebenen Mandeln mischen. In einer Rühr-schüssel das Eiweiß, den Zucker und das Salz mit dem Handrührgerät aufschlagen. Den rest-lichen Puderzucker (75 g) nach und nach dazugeben, bis das Eiweiß richtig weiß und steif ist. Die Mandelmischung auf einmal hinzufügen und mit einem Spatel untermischen, dabei aber nicht zu stark rühren, damit die Masse nicht zu flüssig wird.

Die Masse in einen Spritzbeutel mit Lochtülle (Nr. 6; 6 mm Ø) geben und 30 dünne Streifen mit 2,5 x 12 cm auf zwei Backbleche mit Backmatten spritzen. Etwas Pfeffer darübermahlen und die Streifen etwa 20 Minuten im Raum antrocknen lassen (siehe Abb. 1-2). Anschließend nach-einander im vorgeheizten Ofen bei 160 °C auf der unteren Schiene etwa 10 Minuten backen. Die Macarons herausnehmen und abkühlen lassen.

(Fortsetzung auf Seite 250)

Für die Avocadomousse

Die Sahne steif schlagen und im Kühlschrank beiseitestellen. Die Avocado schälen und entsteinen. Das Avocadofruchtfleisch, den Puderzucker, den Balsamicoessig, den Zitronenessig, den Zitronensaft und die Säure in eine Schüssel geben und mit dem Pürierstab cremig pürieren (siehe Abb. 3).

Die Gelatine in eiskaltem Wasser einweichen. Sobald sie weich ist, ausdrücken und in einem Topf bei niedriger Temperatur vorsichtig auflösen. Die Gelatine mit etwas von der Avocadomasse vermischen, dann die Mischung unter die restliche Avocadocreme rühren. Zum Schluss die steife Sahne vorsichtig unterheben, bis die Mousse homogen ist (siehe Abb. 4).

Für den Aufbau

Einen Großteil der Mousse in einen Spritzbeutel mit Lochtülle (Nr. 8; 8 mm Ø) geben und auf 15 Macarons Streifen aufspritzen. Jeweils einen zweiten Macaron obenauf legen (siehe Abb. 5), dann hochkant aufstellen.

Die restliche Mousse in einen Spritzbeutel mit Blatttülle füllen und kleine Wellen obenauf spritzen (siehe Abb. 6). Diese mit Granatapfelkernen (zehn pro Dessert) und Minzblättchen (drei pro Dessert) dekorieren. Die Schnittlauchhalme als Bogen in die Mousse stecken. Zum Anrichten je einen Teller in hübschem Muster mit Crema di Balsamico beträufeln, ein Dessert daraufsetzen und rasch servieren.

Bikini-Dessert

ERGIBT 5 STÜCK

Zubereitung: etwa 2 ½ Stunden plus einige Stunden zum Durchziehen der Früchte,
1 Stunde zum Kühlen des Biskuitteigs sowie 2 ½–3 Stunden zum Gefrieren des Sorbets |
Backzeit für die Mürbeteig-Sablées: etwa 10 Minuten | Backtemperatur für die
Mürbeteig-Sablées: 200 °C Ober-/Unterhitze | Backzeit für die Kokosbiskuits: 5–7 Minuten
pro Blech | Backtemperatur für die Kokosbiskuits: 160 °C Ober-/Unterhitze
5 Backringe mit 6 cm Ø und 4,5 cm Randhöhe, gewellter Ausstecher mit 7 cm Ø

Für die pochierten exotischen Früchte

720 g Wasser
180 g Zucker
3 Stängel Zitronengras
Mark von 1 Vanilleschote
1 Mango
1 Papaya
3 Kiwis
5 Erdbeeren

Für die Mürbeteig-Sablées

150 g Vanillemürbeteig
   (Grundrezept siehe Seite 22)

Für das Mango-Coconut-Sorbet

375 g Mangopüree (siehe Info Seite 97)
165 g Kokosmilch (22 % Fettgehalt)
135 g Wasser
112 g Zucker
1 TL Zitronensaft
2 g Eisbindemittel für Sorbets (nur wenn
   das Sorbet etwas gelagert werden soll).

Für den Kokosbiskuit

65 g Zucker
70 g Kokosraspel
30 g zimmerwarme Süßrahmbutter
60 g Eiweiß
Abrieb von 1 unbehandelten Limette

Für die pochierten Früchte

In einem Topf das Wasser, den Zucker, das mit einem Rollholz zerstoßene Zitronengras und
das Vanillemark kurz aufkochen, dann abkühlen lassen. In der Zwischenzeit die Früchte vorbereiten: Die Mango schälen und das Fruchtfleisch vom Stein schneiden, die Papaya und die
Kiwis schälen, die Erdbeeren entkelchen. Die Früchte in 5 mm große Würfel schneiden. In den
abgekühlten Fond legen und einige Stunden (oder über Nacht) im Kühlschrank durchziehen
lassen. Anschließend die Früchte durch ein Sieb abseihen (das Zitronengras entfernen) und
etwa 30 Minuten abtropfen lassen. Die Backringe auf ein sauberes Tuch setzen, die Früchte
einfüllen und etwas andrücken, ohne sie zu quetschen. Weitere 30 Minuten ruhen lassen,
damit der letzte Saft entfernt wird.

Für die Mürbeteig-Sablées

Ein Backblech mit einer Backmatte belegen. Den gekühlten Mürbeteig 3 mm dick ausrollen,
mehrmals mit einer Gabel einstechen und mit dem gewellten Ausstecher fünf Scheiben ausstechen. Diese auf die Backmatte legen und bei 200 °C in etwa 10 Minuten hellbraun backen.
Herausnehmen und abkühlen lassen.

Für das Mango-Coconut-Sorbet

In einem Topf das Mangopüree, die Kokosmilch, das Wasser, den Zucker und den Zitronensaft kurz aufkochen, sodass sich der Zucker auflöst. Den Mix abkühlen lassen. Dann das Eisbinde-mittel vorsichtig mit dem Schneebesen einrühren, sodass keine Klümpchen entstehen. Das Sorbet in der Eismaschine 45-50 Minuten gefrieren lassen, bis die Konsistenz cremig fest ist. Im Tiefkühlgerät etwa 2 Stunden nachfrieren lassen.

Für den Kokosbiskuit

Den Zucker und die Kokosraspel mischen und nach und nach in einer Kaffeemühle fein mahlen. Die Butter zerlassen. Alle Zutaten bis auf den Limettenabrieb in eine Schüssel geben und mit dem Schneebesen glatt rühren. Im Kühlschrank für etwa 1 Stunde kühl stellen.

Für die runden Hippen eine kleine runde Schablone (5 ½ cm Ø) auf eine Backmatte legen. Mit einer kleinen Winkelpalette etwas von der Kokosbiskuitmasse aufstreichen und mit Limetten-zest bestreuen. Auf diese Weise insgesamt fünf Kokosbiskuitscheiben herstellen. Im vorgeheizten Ofen bei 160 °C in 5-7 Minuten weiß backen. Herausnehmen und auf dem Blech abkühlen lassen. Anschließend vorsichtig vom Blech nehmen.

Für die quadratischen Hippen eine Schablone mit den Maßen 5 x 5 cm ausschneiden und den restlichen Kokosbiskuitteig wie oben beschrieben darauf verstreichen, sodass fünf Quadrate entstehen. Die Hippen wie beschrieben backen, zum Biegen in noch warmem Zustand auf ein Rollholz legen und erkalten lassen.

Für den Aufbau

Je einen Mürbeteig-Sablée auf einem Teller platzieren und einen Früchtering daraufsetzen. Den Metallring vorsichtig abziehen, sodass die Früchte nicht auseinanderfallen. Je einen gebogenen Kokosbiskuit daraufsetzen. Pro Dessert eine kleine Nocke vom Mango-Coconut-Sorbet abstechen und aufsetzen. Mit einem runden Kokosbiskuit dekorieren.

Tipp: Ein wunderbares Sommerdessert mit wenig Kalorien.

Bread and Butter Pudding

ERGIBT 10 PORTIONEN

Zubereitung: etwa 30 Minuten | Backzeit: 35–40 Minuten | Backtemperatur: 110 °C Umluft

rechteckige Back- oder Auflaufform

Für die Bananen

2 Bananen

1 kg Wasser

15 g Zitronensäure

Für den Bread and Butter-Mix

400 g Vollei

400 g Sahne

400 g Milch

100 g Zucker

Mark von 1 Vanilleschote

2 Prisen frisch geriebene Muskatnuss

8 Scheiben Toastbrot

100 g zimmerwarme Süßrahmbutter

Für die Aprikotur

60 g Aprikosenkonfitüre

40 g Wasser

Für die Bananen

Die Bananen schälen und in Scheiben schneiden. Das Wasser mit der Zitronensäure verrühren und die Bananenscheiben darin einlegen, damit sie nicht braun werden.

Für den Bread-and-Butter-Mix

In einer Rührschüssel die Eier, die Sahne, die Milch, den Zucker, das Vanillemark und die Muskatnuss mit einem Schneebesen verquirlen.

Mit einem scharfen Sägemesser die Ränder vom Toastbrot abtrennen und die Scheiben diagonal durchschneiden, sodass 32 gleichmäßige Dreiecke entstehen. Diese dachziegelartig mit der Spitze nach oben in der Back- oder Auflaufform anordnen und die abgetropften Bananenscheiben darauf verteilen.

In einem kleinen Topf die Butter zerlassen und noch heiß über das Brot und die Bananen träufeln. Zum Schluss die Eiercreme darübergießen; dabei darauf achten, dass das Brot vollständig bedeckt ist.

Den Bread and Butter Pudding im vorgeheizten Ofen bei 110 °C in 35-40 Minuten hell backen. Herausnehmen.

Für die Aprikotur

Die Aprikotur zubereiten (siehe Info Seite 89) und mit einem Pinsel auf den noch heißen Pudding auftragen.

Tipp: Der Bread and Butter Pudding ist eine klassische britische Nachspeise. Man serviert ihn warm und reicht nach Belieben frisch gekochte Vanillesauce oder Fruchtsauce dazu.

American Passionfruit Cheesecake

ERGIBT 6 PORTIONEN
Zubereitung: etwa 1 ½ Stunden

Für die Bröselmasse
100 g Digestive Biskuits
65 g Süßrahmbutter
1 Prise Fleur de Sel

Für die Cheesecake-Creme
200 g Frischkäse (Doppelrahmstufe)
100 g weiße Kuvertüre (z. B. Valrhona
    Ivoire mit 35 % Kakaoanteil)
50 g Passionsfruchtpüree
    (siehe Info Seite 97)
50 g Sahne

Für die Passionsfruchtsauce
500 g Passionsfruchtpüree
    (siehe Info Seite 97)
Mark von ½ Vanilleschote
1 Stängel Zitronengras
75 g Zucker
8 g Pektin NH (siehe Seite 310)
3 Passionsfrüchte

Für den Aufbau
120 g frische Blaubeeren

Für die Dekoration
Schlagsahne
6 Passionsfruchtviertel

Für die Bröselmasse
Die Digestive Biskuits in einen Gefrierbeutel geben und mit einem Rollholz zu groben Bröseln verarbeiten (siehe Abb. 1). In eine Schüssel geben. In einem Topf die Butter zerlassen. Zu den Biskuitbröseln hinzufügen und alles gut vermengen. Mit etwas Fleur de Sel abschmecken. Die Masse beiseitestellen.

Für die Cheesecake-Creme
Den Frischkäse in eine Schüssel geben und mit dem Handrührgerät leicht aufschlagen. Die Kuvertüre schmelzen (siehe Info Seite 102), dann unter den Frischkäse rühren. Das Passionsfruchtpüree dazugeben und die Masse aufschlagen. Zuletzt die flüssige Sahne unterrühren.

Für die Passionsfruchtsauce
Das Passionsfruchtpüree und das Vanillemark in einen Topf geben. Das Zitronengras mit einem Rollholz zerstampfen und hinzufügen. Etwa 1 TL Zucker mit dem Pektin mischen und beiseitestellen. Den restlichen Zucker in das Püree einrühren. Die Passionsfrüchte halbieren, das Fruchtfleisch mit einem kleinen Löffel herausschaben und ebenfalls in den Topf geben (siehe Abb. 2). Die Sauce etwa 5 Minuten köcheln lassen, dann durch ein Sieb passieren (siehe Abb. 3). Man erhält etwa 500 g Flüssigkeit.

(Fortsetzung auf Seite 260)

Die Fruchtsauce zurück in den Topf geben, wieder auf den Herd stellen und erhitzen. Sobald das Püree kocht, die Pektin-Zucker-Mischung mit dem Schneebesen unter ständigem Rühren vorsichtig einrühren, sodass keine Klümpchen entstehen. Erneut aufkochen und rühren, bis die Sauce andickt. Die Kerne im Sieb reiben, damit sich das Fruchtfleisch vom Kern löst (siehe Abb. 4). Dann die Kerne und das gelöste Fruchtfleisch zurück in die Sauce geben (das Zitronengras zuvor entfernen).

Für den Aufbau
Die Creme in einen Spritzbeutel mit Lochtülle (Nr. 10; 1 cm Ø) geben (siehe auch Tipp). Die Bröselmasse, die Blaubeeren, die Creme und die Passionsfruchtsauce abwechselnd in sechs Gläser füllen, bis alle Zutaten aufgebraucht sind.

Für die Dekoration
Die Desserts mit je einem Klecks Schlagsahne und einem Passionsfruchtviertel dekorieren.

Tipp: Falls die Creme zu schnell anzieht, diese noch einmal kurz in die Mikrowelle geben und durchrühren, bis sie wieder cremig ist. So kann man die Creme leichter aus dem Spritzbeutel drücken.

Pistaziensoufflé

ERGIBT 6–8 STÜCK
Zubereitung: etwa 1 Stunde | Backzeit: 25–30 Minuten | Backtemperatur: 200 °C Ober-/Unterhitze
6–8 Souffléförmchen à 9 cm Ø

Für die Soufflémasse
250 g Milch
35 g Süßrahmbutter
35 g Mehl (Type 405)
55 g Eigelb
30 g Zucker
120 g Pistazienpaste (100 % Frucht)
250 g Eiweiß
13 g Speisestärke

Für die Förmchen
40 g Süßrahmbutter
40 g Zucker

Zum Servieren
Puderzucker
Fruchtsauce nach Wahl oder
   Kirschkompott (nach Belieben)

Für die Soufflémasse

In einem Topf die Milch kurz aufkochen. In einem zweiten Topf die Butter zerlassen und das Mehl mit dem Schneebesen einrühren, bis eine cremige Masse entsteht. In einer kleinen Schüssel das Eigelb mit dem Zucker cremig rühren und beiseitestellen.

Sobald die Milch kocht, die Butter-Mehl-Mischung dazugeben und kräftig rühren, bis die Masse erneut aufkocht. Vom Herd nehmen und die Eigelbmasse unterrühren. Zum Schluss die Pistazienpaste hinzufügen und einrühren. Die Creme auf Zimmertemperatur abkühlen lassen.

Für die Förmchen

In der Zwischenzeit die Souffléförmchen buttern und mit Zucker ausstreuen.

Zum Fertigstellen der Soufflémasse in einer Rührschüssel das Eiweiß und die Speisestärke mit dem Handrührgerät steif schlagen. Vorsichtig unter die Pistazienmasse heben. In einen Spritzbeutel mit Lochtülle (Nr. 10; 1 cm Ø) geben und die Förmchen bis daumenbreit unter den Förmchenrand mit der Soufflémasse befüllen.

In ein tiefes Backblech etwa 1 cm hoch Wasser einfüllen. Die Förmchen hineinstellen und die Soufflés im vorgeheizten Ofen bei 200 °C 25-30 Minuten backen. Herausnehmen und kurz auf einem Geschirrtuch absetzen, damit die Servierteller nicht nass werden.

Zum Servieren

Die Soufflés mit Puderzucker bestauben, auf Teller stellen und sofort servieren, da die Soufflés nur wenige Minuten stehen, bevor sie zusammensacken. Nach Belieben Fruchtsauce oder Kirschkompott dazu reichen.

Mousse au Chocolat für Elton John

ERGIBT 10 PORTIONEN
Zubereitung: 30 Minuten plus etwa 1 Stunde zum Kühlen

Für die Mousse
525 g gut gekühlte Sahne
265 g bittere Kuvertüre (z. B. Valrhona
   Araguani mit 72 % Kakaoanteil)
125 g Vollei
50 g Eigelb
40 g Zucker

Für die Dekoration
½ Tonkabohne
20 Schokoswirls

Für die Mousse
Die Sahne in einer eiskalten Rührschüssel mit dem Handrührgerät steif schlagen und im Kühlschrank beiseitestellen. Die Kuvertüre schmelzen (siehe Info Seite 102) und beiseitestellen.

In einer Rührschüssel die Eier, das Eigelb und den Zucker mit dem Handrührgerät schaumig schlagen (siehe auch Tipp). Die flüssige Kuvertüre mit dem Schneebesen zügig in die Eimasse einrühren. Die steife Sahne vorsichtig mit einem Gummischaber unterheben. Die Mousse für etwa 1 Stunde kühl stellen.

Für die Dekoration
Die gut gekühlte Mousse in einen Spritzbeutel mit Sterntülle (Nr. 12) geben und in zehn kleine Gläser füllen. Etwas Tonkabohne mit einer feinen Reibe über die Mousse raspeln. Die Desserts mit je zwei Schokoswirls dekorieren und sofort servieren.

Tipp: Falls vorhanden, eine kleine Küchenmaschine zum Aufschlagen verwenden. Damit bekommt man mehr Volumen in die Masse als mit einem Handrührgerät.

Info: Das ist die Mousse, die ich Elton John und seinen prominenten Freunden auf der UNICEF-Veranstaltung serviert habe (siehe Seite 162).

Hot Chocolate Fondant

ERGIBT 10 PORTIONEN
Zubereitung: etwa 1 Stunde plus Zeit zum Gefrieren des Schokokerns |
Backzeit: 13–14 Minuten | Backtemperatur: 190 °C Ober-/ Unterhitze
Silikon-Backmatte mit 10 Vertiefungen à 2 ½–3 cm Ø und 10 Backringe mit 6 cm Ø und 4,5 cm Randhöhe

Für den Schokokern
80 g Sahne
80 g bittere Kuvertüre (z. B. Valrhona
   Araguani mit 72 % Kakaoanteil)

Für die Fondants
200 g Vollei
55 g Eigelb

90 g Zucker
180 g Süßrahmbutter
180 g bittere Kuvertüre (z. B. Valrhona
   Araguani mit 72 % Kakaoanteil)
40 g Mehl (Type 405)

Für die Dekoration
Puderzucker

Tipp: Eine säuerliche Komponente, beispielsweise eine Fruchtsauce, Himbeer- oder Zitronensorbet, passt ausgezeichnet dazu.

Für den Schokokern
In einem kleinen Topf die Sahne aufkochen. Vom Herd nehmen und die Kuvertüre dazugeben. Mit einem Kochlöffel gut verrühren, bis sich die Kuvertüre vollständig aufgelöst hat. Abkühlen lassen. Die Masse auf die Vertiefungen der Silikon-Backmatte verteilen und ins Tiefkühlgerät geben. Sobald die Schokokerne fest gefroren sind, aus den Formen nehmen und bis zur Weiterverarbeitung im Tiefkühlgerät lagern.

Zur Vorbereitung der Backringe zehn Streifen Backpapier mit 20 x 6,5 cm zurechtschneiden. Die Backringe auf ein mit Backpapier belegtes Backblech setzen und die Ränder mit den Backpapierstreifen auskleiden.

Für die Fondants
In einer Rührschüssel das Ei, das Eigelb und den Zucker mit dem Handrührgerät aufschlagen. Die Butter in einem kleinen Topf zerlassen, die Kuvertüre schmelzen (siehe Info Seite 102). Die flüssige Kuvertüre mit einem Gummispatel vorsichtig in die steife Eiermasse rühren, bis sie vollständig untergemischt ist. Dann erst die flüssige Butter einrühren. Zum Schluss das Mehl vorsichtig unterheben, sodass die Masse nicht zusammenfällt.

Die Masse in einen Spritzbeutel mit Lochtülle (Nr. 10; 1 cm Ø) geben und in die Ringe füllen. Je einen gefrorenen Schokokern in die Mitte drücken, bis er nicht mehr zu sehen ist. Die Fondants im vorgeheizten Backofen bei 190 °C 13-14 Minuten backen. Sie sind fertig, wenn der Kern noch flüssig ist. Herausnehmen und ein paar Minuten abkühlen lassen. Sobald man die Ringe hochziehen kann, die Ringe entfernen und das Backpapier behutsam ablösen.

Für die Dekoration
Die Fondants mit einer Palette vorsichtig auf Dessertellern platzieren, mit Puderzucker bestauben und noch warm servieren. Nach Belieben eine Fruchtsauce oder ein Sorbet dazu reichen.

Cassis Chocolate Shot

ERGIBT 12 PORTIONEN
Zubereitung: 1 Stunde

Für den Chocolate Shot
375 g Sahne
Mark von ½ Vanilleschote
190 g weiße Kuvertüre (z. B. Valrhona
   Ivoire mit 35 % Kakaoanteil)

Für die Cassissauce
165 g Cassispüree (siehe Info Seite 97)
55 g Zucker
4 g Pektin NH (siehe Seite 310)

Für die Dekoration
12 Brombeeren

Für den Chocolate Shot
In einem Topf die Sahne mit dem Vanillemark kurz aufkochen. Vom Herd nehmen und die Kuvertüre einrühren, bis sie sich aufgelöst hat. Die Creme abkühlen lassen. Anschließend in einen Spritzbeutel mit Lochtülle (Nr. 10; 1 cm Ø) geben. Beiseitestellen.

Für die Cassissauce
In einem Topf das Cassispüree aufkochen. In der Zwischenzeit in einer kleinen Schüssel den Zucker mit dem Pektin mischen, dann mit dem Schneebesen in das kochende Püree einrühren. So lange rühren, bis die Sauce andickt und cremig wird. Den Topf vom Herd nehmen und noch etwas nachrühren, bis die Sauce nicht mehr kocht. Abkühlen lassen.

Für die Dekoration
Die vollständig abgekühlte Cassissauce in einen Spritzbeutel geben und auf zwölf schmale, hohe Schnapsgläser verteilen. Die Chocolate Chocs aufspritzen (etwa 15 g pro Portion). Mit einem Löffel ein wenig umrühren.

Je eine Brombeere auf einen Holzspieß stecken und die Desserts damit dekorieren.

Chili Chocolate Shot

ERGIBT 12 PORTIONEN

Zubereitung: 30 Minuten plus Ruhezeit über Nacht

Für den Chocolate Shot
240 g Milch
240 g Sahne
Mark von ½ Vanilleschote
35 g Blütenhonig
½ Red-Bird's-Eye-Chili, fein gehackt
135 g bittere Kuvertüre (z. B. Valrhona
   Caraibe mit 66 % Kakaoanteil)

Für die Dekoration
12 rote Chilischoten

Für den Chocolate Shot
Alle Zutaten bis auf die Kuvertüre in einem Topf kurz aufkochen und für etwa 1 Minute simmern lassen. Vom Herd nehmen und die Kuvertüre einrühren, bis sie sich aufgelöst hat. Die Masse über Nacht im Kühlschrank durchziehen lassen, damit sich die Aromen ausbilden können.

Für die Dekoration
Am nächsten Tag den Mix erneut leicht erwärmen. Anschließend durch ein Sieb passieren, um die Chilistückchen zu entfernen. Die Creme auf zwölf schmale, hohe Schnapsgläser verteilen und mit je einer Chilischote dekorieren.

Tipp: Dieser Chocolate Choc eignet sich sehr gut für Buffets oder als kleine Überraschung zwischendurch!

Frozen Yogurt mit Beerensauce

ERGIBT 10 PORTIONEN
Zubereitung: etwa 1 Stunde plus 50 Minuten zum Gefrieren |
Backzeit: 7–8 Minuten | Backtemperatur: 190 °C Ober-/Unterhitze

Für den Frozen Yogurt
800 g griechischer Joghurt
  (10 % Fettgehalt)
300 g Zucker
20 g Zitronensaft
230 g Sahne

Für die Beerensauce
240 g Zucker
3 g Pektin NH
2 Vanilleschoten
165 g Wasser
265 g Erdbeeren, geviertelt
100 g Brombeeren

100 g Johannisbeeren,
  von den Rispen gezupft
100 g Blaubeeren
100 g Himbeeren

Für die Eishippen
85 g Mehl (Type 405)
85 g Puderzucker
75 g Eiweiß
rote Lebensmittelfarbe (Pulver)

Für die Dekoration
10 frische Minzblätter

Für den Frozen Yogurt
In einer Schüssel den Joghurt mit dem Zucker und dem Zitronensaft verrühren. Die Sahne mit dem Handrührgerät steif schlagen, dann mit dem Schneebesen unter den Joghurt rühren. Für etwa 50 Minuten in die Eismaschine geben und gefrieren lassen. Anschließend das gefrorene Eis mit einem Teigschaber in einen Spritzbeutel mit Sterntülle (Nr. 12; 12 mm Ø) geben und rasch in zehn eisgekühlte Gläser dressieren. Sofort wieder in das Tiefkühlgerät geben.

Für die Beerensauce
In einer Schüssel den Zucker mit dem Pektin mischen. Die Vanilleschoten längs aufschneiden und das Mark herausschaben. Mark und Schoten zusammen mit dem Wasser in einen Topf geben und aufkochen. Die Zucker-Pektin-Mischung mit einem kleinen Schneebesen in die kochende Flüssigkeit rühren und so lange rühren, bis alles kräftig kocht. Die Erdbeeren hinzufügen und die Masse wieder aufkochen lassen, dann mit dem Pürierstab pürieren (die Vanilleschoten zuvor entfernen). Die Brombeeren, Johannisbeeren und Blaubeeren dazugeben und wiederum kurz aufkochen lassen. Vom Herd nehmen. Die Himbeeren vorsichtig einrühren und die Sauce abkühlen lassen.

Für die Eishippen
Das Mehl und den Puderzucker in eine Rührschüssel sieben. Das Eiweiß dazugeben und alles mit dem Handrührgerät auf niedrigster Stufe glatt rühren.

Eine kleine Herzschablone z. B. aus einem Joghurtdeckel ausschneiden und auf eine Backmatte legen. Einen Teil der Hippenmasse mit einer kleinen Winkelpalette etwa 1 mm dick

aufstreichen und auf diese Weise insgesamt zehn Herzen herstellen. Die restliche Hippen-masse mit roter Lebensmittelfarbe einfärben, in ein Spritztütchen geben (siehe Seite 102) und die Herzen beliebig beschriften oder mit Mustern versehen. Die Hippen im vorgeheizten Ofen bei 190 °C in 7-8 Minuten hellgold backen. Herausnehmen und abkühlen lassen.

Für die Dekoration
Den Frozen Yogurt mit Beerensauce, je einer Eishippe und einem Minzblatt dekorieren.

Mojito-Parfait mit Limetten-Rum-Sauce

ERGIBT 6 PORTIONEN
Zubereitung: etwa 1 ½ Stunden plus 2–3 Stunden zum Gefrieren

Für das Parfait
135 g Milch
175 g weiße Kuvertüre (z. B. Valrhona Ivoire mit 35 % Kakaoanteil)
1 Tropfen Pfefferminzöl
3 g frische Minzblätter, fein gehackt
100 g Sahne
90 g Crème double

Für die Limetten-Rum-Sauce
180 g Wasser
50 g Limettensaft
50 g Zucker
1 g Pektin NH (siehe Seite 310)
25 g weißer Rum
120 g Limettenfilets, grob gehackt

Für die Dekoration
Minzezweige (30 g)
6 Limettenscheiben

Für das Parfait
In einem Topf die Milch aufkochen. Sobald sie hochschäumt, den Topf vom Herd nehmen und die Kuvertüre hinzufügen. Zügig mit einem Kochlöffel umrühren, bis sich die Kuvertüre aufge-löst hat. Auf Zimmertemperatur abkühlen lassen. Dann das Minzöl und die Minze dazugeben und unterrühren.

Die Sahne und die Crème double mit dem Handrührgerät steif schlagen und vorsichtig mit dem Schneebesen unter die Masse heben. Die Parfaitmasse in einen Spritzbeutel geben und gleichmäßig auf sechs Gläser verteilen. Im Tiefkühlgerät für 2-3 Stunden gefrieren lassen.

Für die Limetten-Rum-Sauce
In einem Topf das Wasser und den Limettensaft aufkochen. Den Zucker mit dem Pektin mischen und mit einem kleinen Schneebesen in die kochende Flüssigkeit einrühren. Sobald die Sauce andickt, vom Herd nehmen und abkühlen lassen. Mit dem Rum abschmecken, die Limettenfilets dazugeben und vorsichtig untermischen.

Für die Dekoration
Zum Servieren die Limetten-Rum-Sauce auf den Parfaits verteilen und das Dessert mit Minze-zweigen und je einer Limettenscheibe dekorieren.

Crème brûlée
mit Zitronengras und Matcha-Eis

ERGIBT 6 PORTIONEN

Zubereitung Crème brûlée: 30 Minuten plus Zeit zum Ziehen über Nacht und 1–2 Stunden
zum Abkühlen nach dem Backen, Zubereitung Eiscreme: etwa 30 Minuten plus 30–60 Minuten
zum Gefrieren | Backzeit Crème brûlée: etwa 25 Minuten | Backtemperatur: 110 °C Umluft

Für die Crème brûlée

1½ Stängel Zitronengras
150 g Milch
300 g Sahne
80 g Vollei
80 g Eigelb
50 g Zucker
15 g Limettensaft

Für das Matcha-Eis

10 g Matcha-Grünteepulver
355 g Milch
175 g Sahne
100 g Eigelb
140 g Zucker

Für die Zuckerkruste

50 g Demerarazucker (siehe Tipp)

Für die Dekoration

6 Orchideen

Für die Crème brûlée

Bereits am Vortag das Zitronengras mit einem Rollholz zerstampfen, damit der Saft herausge-
löst wird. Das Zitronengras in einen Topf geben. Die Milch und die Sahne hinzufügen und kurz
aufkochen lassen (siehe Abb. 1). Den Mix über Nacht im Kühlschrank ziehen lassen, damit sich
der Zitronengrasgeschmack voll entfalten kann.

Am nächsten Tag das Zitronengras aus der Flüssigkeit nehmen. In einer Schüssel die Eier, das
Eigelb und den Zucker mit dem Schneebesen cremig rühren. Den Limettensaft untermischen.
Die Zitronengrasmilch zur Eiermasse hinzufügen (siehe Abb. 2), gut verrühren und in sechs
tiefe, ofenfeste Teller füllen (siehe Abb. 3). Im vorgeheizten Ofen bei 110 °C Umluft in etwa
25 Minuten stocken lassen (siehe Tipp). Herausnehmen und die Crème brûlée 1-2 Stunden abkühlen lassen.

(Fortsetzung auf Seite 278)

Für das Matcha-Eis

Das Grünteepulver in einen Topf geben, die Milch und die Sahne hinzufügen. Mit dem Schneebesen gut verrühren und kurz aufkochen lassen. (Sollten sich Klümpchen bilden, die Masse mit dem Pürierstab glatt mixen.) In einer Schüssel das Eigelb und den Zucker mit dem Schneebesen schaumig rühren. Sobald die Milchmischung kocht, den Topf vom Herd nehmen, etwas von der Milch über die Eiermasse gießen und gut untermischen (siehe Abb. 4). Die Eiermasse zur restlichen Milchmischung in den Topf geben und alles gut verrühren. Den Topf wieder auf den Herd stellen. Die Masse unter Rühren mit einem Holzlöffel langsam auf 82 °C erhitzen und zur Rose abziehen (siehe Seite 311). Sobald die Creme andickt und cremig wird, vom Herd nehmen und durch ein Sieb passieren, damit keine Klümpchen in der Creme verbleiben. Abkühlen lassen, dann in der Eismaschine gefrieren lassen (siehe Abb. 5; das dauert je nach Gerät 30-60 Minuten).

Für die Zuckerkruste und die Dekoration

Den Demerarazucker gleichmäßig über die abgekühlte Crème brûlée streuen und mit einem Gasbrenner (siehe Info Seite 125) vorsichtig karamellisieren (siehe Abb. 6). Die Crèmes jeweils mit einer Matcha-Eisnocke und einer Orchidee dekorieren und sofort servieren.

Tipps: Die Crème brûlée ist fertig gebacken, wenn sie beim Schütteln nicht mehr wackelt: Nach etwa 15 Minuten Backzeit alle 5 Minuten testen und leicht die Teller bewegen. So kann man beobachten, wie die Masse langsam von außen nach innen fest wird. Bekommt sie einen Riss, war die Crème brûlée zu lange im Ofen.

Für die Zuckerkruste ist weißer Kristallzucker ungeeignet, denn er verläuft sehr schnell und bildet eine dicke Kruste mit scharfen Kanten, an denen man sich beim Essen verletzen kann.

Crème brûlée und Eiscreme kann man hervorragend im Voraus zubereiten und problemlos 3-4 Tage lagern.

Reispudding mit Butterscotch-Sauce

ERGIBT ETWA 12 PORTIONEN
Zubereitung: etwa 1 ½ Stunden plus 2–3 Stunden zum Kühlen

Für die Butterscotch-Sauce
160 g Sahne
8 g Glukose
80 g Zucker
25 g Süßrahmbutter
75 g weiße Kuvertüre (z. B. Valrhona
    Dulcey mit 32 % Kakaoanteil)

Für den Reispudding
2 kg Milch
165 g Zucker
50 g Süßrahmbutter
Mark von 6 Vanilleschoten
2 Zimtstangen
200 g Milchreis
100 g Risottoreis
flüssige Sahne (nach Bedarf)

Für die Butterscotch-Sauce
In einem Topf die Sahne mit der Glukose verrühren, erhitzen und beiseitestellen. In einem weiteren Topf den Zucker zu einem trockenen Karamell verarbeiten (Grundrezept siehe Seite 64). Die Butter vorsichtig in den Karamell einrühren, dann die Sahne-Glukose-Mischung hinzufügen und kurz aufkochen lassen, bis sich alle Klümpchen wieder aufgelöst haben. Den Topf vom Herd nehmen und die Kuvertüre einrühren, bis sie sich aufgelöst hat. Für 2-3 Stunden im Kühlschrank kühl stellen.

Für den Reispudding
In einem Topf die Milch, den Zucker, die Butter, das Vanillemark und die Zimtstangen aufkochen. Sobald die Milch kocht, den Milchreis sowie den Risottoreis dazugeben und einrühren. Bei mittlerer Temperatur 20-30 Minuten köcheln lassen, bis der Reis gar ist. Vom Herd nehmen und die Zimtstangen entfernen. Den Reispudding abkühlen lassen und bei Bedarf mit etwas flüssiger Sahne verdünnen.

Den Reispudding und die Butterscotch-Sauce abwechselnd in ein Dessertglas füllen. Gut gekühlt servieren.

Tipp: Reispudding, der Evergreen, schmeckt auch hervorragend mit frischen Früchten und Fruchtsaucen.

Info: Valrhona Dulcey ist eine spezielle Kuvertüre mit leichter Karamellnote.

Rhabarber-Erdbeer-Crumble

ERGIBT 6 PORTIONEN

Zubereitung: etwa 1 ½ Stunden plus Zeit zum Trocknen für die Rhabarber-Chips über Nacht |
Backzeit Chips: 1 Stunde | Backtemperatur Chips: 100 °C Ober-/Unterhitze |
Backzeit Streusel: 8–10 Minuten | Backtemperatur Streusel: 200 °C Ober-/Unterhitze

Für die Rhabarber-Chips
2 Stangen Rhabarber
Puderzucker

Für den Crumble
60 g Riesling (Wein)
30 g Wasser
30 g Zucker
Mark von 1 Vanilleschote

2 TL Zitronensaft
210 g Rhabarber, geschält
210 g Erdbeeren, entkelcht

Für den Aufbau
120 g Vanillestreusel
  (Grundrezept siehe Seite 26)
120 g gut gekühlte Sahne
einige Erdbeeren (nach Belieben)

Für die Rhabarber-Chips

Bereits am Vortag den Rhabarber schälen und mit einem Spargelschäler sechs dünne Streifen (2 x 22 cm) abziehen (siehe Abb. 1-2). Auf ein Backblech mit Backmatte legen und dick mit Puderzucker bestauben. Im vorgeheizten Ofen bei 80 °C 1 Stunde trocknen lassen. Anschließend den Backofen ausschalten und die Chips über Nacht bei spaltbreit geöffneter Ofentür im Ofen trocknen lassen.

Am nächsten Tag die Chips nochmals kurz im Ofen bei 40 °C anwärmen, dann vorsichtig von der Backmatte nehmen. Über ein Rollholz legen und abkühlen lassen (siehe Abb. 3; Achtung: Die Chips behalten jetzt ihre Form, sind aber zerbrechlich und dürfen erst kurz vor dem Servieren auf dem Dessert platziert werden, da sie sonst aufweichen!)

(Fortsetzung auf Seite 284)

Für den Crumble

In einem Topf den Wein, das Wasser, den Zucker, das Vanillemark und den Zitronensaft kurz aufkochen lassen. Den Rhabarber in 1 cm lange Stücke schneiden, die Erdbeeren vierteln. Beides auf sechs ofenfeste Gläschen verteilen. Den Weinsud darübergießen, sodass die Früchte bedeckt sind. Jedes Glas einzeln mit Alufolie bedecken und die Früchte im vorgeheizten Ofen bei 160 °C etwa 45 Minuten pochieren, bis sie weich sind. Herausnehmen und abkühlen lassen.

Für den Aufbau

Die Streusel auf einem Backblech verteilen und im vorgeheizten Ofen bei 200 °C in 8-10 Minuten goldgelb backen. Herausnehmen und abkühlen lassen. Die Sahne mit dem Handrührgerät cremig aufschlagen und auf den pochierten Früchten verteilen. Die Streusel darüberstreuen. Die Crumbles mit je einem Rhabarber-Chip-Bogen und nach Belieben mit geviertelten Erdbeeren dekorieren (siehe Abb. 4-6).

Tipp: Der Crumble kann auch mit anderen Früchten wie Feigen oder gemischten Beeren zubereitet werden.

Erdbeerknödel mit Schokoladensauce

ERGIBT 5 PORTIONEN BZW. 10 STÜCK

Zubereitung: etwa 2 Stunden plus Ruhezeit für die Kartoffeln über Nacht und 30 Minuten Ruhezeit für den Teig

Für den Knödelteig
500 g mehlig kochende Kartoffeln
50 g Süßrahmbutter
10 g Salz
180 g Mehl (Type 550),
    mehr zum Verarbeiten
50 g Hartweizengrieß
40 g Eigelb
50 g Vollei

Zum Bestreichen
30 g Eiweiß

Für die Füllung
10 weiße Kuvertüre-Pellets (z. B. Valrhona
    Ivoire mit 35 % Kakaoanteil)
10 Erdbeeren, gewaschen und entkelcht

Für die Semmelbrösel
100 g Süßrahmbutter
150 g Semmelbrösel
35 g Zucker

Für die Schokoladensauce
320 g Vanillesauce
    (Crème anglaise; Grundrezept
    siehe Seite 60)
6 g Kakaopulver (z. B. Valrhona)
60 g Vollmilchkuvertüre (z. B. Valrhona
    Jivara mit 40 % Kakaoanteil)

Für die Dekoration
Puderzucker

Für den Knödelteig

Bereits am Vortag die Kartoffeln in kochendem, leicht gesalzenem Wasser in etwa 30 Minuten weich garen, dann abseihen und auskühlen lassen.

Am nächsten Tag die Kartoffeln schälen und durch eine Kartoffelpresse in eine Schüssel drücken (siehe Abb. 1). In einem Topf die Butter zerlassen, vom Herd nehmen und auf Zimmertemperatur abkühlen lassen. Zu den zerdrückten Kartoffeln geben, die übrigen Zutaten hinzufügen und alles mit der Hand zu einem glatten Teig verkneten. Den Teig auf eine Backmatte legen. Mit etwas Mehl bestauben und flach drücken. Für etwa 30 Minuten im Kühlschrank ruhen lassen.

Für die Füllung

Den Teig auf der Backmatte mit dem Rollholz rechteckig und 8 mm dick ausrollen. In zehn Quadrate mit 8 cm Kantenlänge schneiden. Den Teig dünn mit dem Eiweiß bestreichen. Je ein Kuvertüre-Pellet und eine Erdbeere in die Mitte der Quadrate legen. Den Teig darüberschlagen und die Enden verschließen (siehe Abb. 2-3). Zu einer Kugel formen und die Knödel auf einem bemehlten Blech absetzen.

(Fortsetzung auf Seite 289)

Für die Semmelbrösel

Die Butter in einer Pfanne zerlassen und die Semmelbrösel dazugeben. Unter ständigem Rühren langsam hellbraun rösten (siehe Abb. 4). Vom Herd nehmen und den Zucker unterrühren, dann beiseitestellen.

Für die Schokoladensauce

Zunächst 100 g Vanillesauce in eine Schüssel geben und das Kakaopulver mit einem Schneebesen klümpchenfrei einrühren. Langsam die restliche Vanillesauce untermischen. (Falls Klümpchen entstehen, mit dem Pürierstab durchmixen.) Die Kuvertüre schmelzen (siehe Info Seite 102), dann hinzufügen und einrühren. Die Sauce abkühlen lassen.

Für die Fertigstellung

Die Knödel in kochendes Salzwasser legen und etwa 10 Minuten sieden lassen (siehe Abb. 5).

Mit einer Schaumkelle herausnehmen und in der Semmelbröselmasse rollen (siehe Abb. 6).

Für die Dekoration

Je zwei Knödel auf einem Teller anrichten und mit Puderzucker bestauben. Noch warm mit der Schokoladensauce servieren.

Tipp: Die noch nicht gegarten Knödel können abgedeckt im Kühlschrank für 24 Stunden aufbewahrt werden.

Kaiserschmarrn am Spieß

ERGIBT 3 KLEINE PORTIONEN
Zubereitung: etwa 1 Stunde
1 Pfanne mit 20 cm Ø, 3 Holzspieße

Für den Kaiserschmarrn
60 g Eigelb
250 g Milch
1 Prise Salz
125 g Mehl (Type 405)
60 g Eiweiß
10 g Zucker
60 g Süßrahmbutter zum Backen
60 g Rosinen

Zum Servieren
40 g Zucker zum Bestreuen
Puderzucker zum Bestauben
Preiselbeerkonfitüre zum Servieren

Für den Kaiserschmarrn

In einer Schüssel das Eigelb mit der Milch und dem Salz mit dem Schneebesen glatt rühren. Das Mehl langsam einrieseln lassen und gleichmäßig rühren, sodass keine Klümpchen entstehen. Die Mischung 10 Minuten quellen lassen.

In einer weiteren Schüssel das Eiweiß und den Zucker mit dem Handrührgerät steif schlagen, dann vorsichtig unter den Teig rühren.

In der Pfanne 20 g Butter erhitzen, bis die Butter sehr heiß ist. Ein Drittel des Teiges in die Pfanne geben und rasch verteilen. Ein Drittel der Rosinen daraufstreuen und den Teig so lange anbacken, bis der Boden eine hellbraune Farbe hat. Den Pfannkuchen mit einer Palette in der Pfanne wenden und auf der anderen Seite fertig backen.

Den Pfannkuchen mithilfe von zwei Paletten in zwölf Teile zerteilen und sofort mit etwas Zucker bestreuen. Gut mischen, bis der Zucker ein wenig geschmolzen ist. Herausnehmen und warm stellen. Den restlichen Kaiserschmarrn wie beschrieben in zwei Portionen zubereiten.

Zum Servieren

Die noch warmen Kaiserschmarrnstücke auf die Spieße stecken (siehe Abbildung) und mit Puderzucker bestauben. Etwas Preiselbeerkonfitüre darauf verteilen und sofort servieren.

Tipp: Statt Preiselbeerkonfitüre passen auch Apfelmus oder Zwetschgenröster dazu.

Königliche Gäste und der »Top Tea Place«

»Afternoon Tea« für Prince Charles

Diese Geschichte ist nun etwas spektakulärer, denn wir hatten im »The Dorchster« regelmäßig königliche Gäste, darunter auch Mitglieder des englischen Königshauses Windsor. Eines Morgens kam der Food and Beverage Manager in die Küche und verkündete, dass Prinz Charles für sein Polo-Turnier in Südengland am nächsten Vormittag Afternoon Tea geordert hat. Der Thronfolger hatte 100 VIP-Gäste geladen.

Die gesamte Patisserie und Küche waren in Aufregung, denn wir hatten nur sehr wenig Zeit für die Vorbereitung unter höchster Sicherheitsstufe, denn Aufträge wie dieser laufen top secret ab.

Die enorme Herausforderung bestand darin, neben unserem fordernden Tagesgeschäft innerhalb weniger Stunden zusätzlich 400 Tea Pastries und 200 Scones zu produzieren, die der hohen Erwartung der Hochadeligen gerecht werden mussten.

Um diesen besonderen Auftrag perfekt zu erledigen, haben wir wirklich alles an Energie und Manpower zusammengetragen. Die Lieferanten waren angehalten, uns innerhalb von ein bis zwei Stunden zusätzlich Sahne, Eier, Früchte, frische Beeren und alles weitere zu schicken. Das war ein Riesenakt mit ganz tollem Ergebnis, denn nach dem Polo-Turnier haben wir ein großes Lob von Prinz Charles für unseren wunderbaren Job bekommen. Wir alle waren begeistert, und sehr stolz, denn ein Lob vom zukünftigen König bekommt man nicht jeden Tag.

Der »Top London Tea Place 2007«

In Großbritannien wird der Afternoon Tea (Nachmittagstee) mit seinen kleinen Tea Pastries, Scones with Clotted Cream and Jam, Sandwiches und einer Auswahl an verschiedenen Teesorten seit Beginn des 19. Jahrhunderts als Ritual zelebriert.

Während meines mehrjährigen London-Aufenthaltes habe ich viele Afternoon-Tea-Pastries neu kreiert. Der beste Afternoon Tea wird jedes Jahr mit einem begehrten Preis ausgezeichnet, dem »Top London Tea Place Award«. Dazu gibt es eine Organisation, die die Bewerber, darunter Hotels und Cafés, nach strengen Kriterien ein ganzes Jahr lang anonym und »undercover« testet. Meine Mitarbeiter waren darauf trainiert, mit einem Lineal sorgfältig jedes Törtchen auszumessen, damit alle Stücke immer exakt gleich groß waren. Denn auch das zeichnet eine Spitzenpatisserie aus!

Neben der Optik fließen in die Beurteilung auch die Tee- und Pastrie-Auswahl, der Geschmack, der Service und die gleichbleibende Qualität ein. Mit Spannung wird dann in ganz London einmal jährlich das Ergebnis erwartet.

2007 gewannen wir im Team des Londoner Fünf-Sterne-Hotels »The Dorchester« den begehrten »Top London Tea Place Award 2007« - die höchste Auszeichnung in dieser Kategorie. Wir waren sehr stolz auf unsere Leistung und das Hotel erhielt mit dem Award eine Auszeichnung mehr, die neue Gäste in das Hotel lockte und zu seiner Bekanntheit beitrug.

Executive Pastry Chef Beate Wöllstein im Londoner »The Dorchester«, hier bei der Arbeit in ihrer »Pastry« – trotz der täglich neuen Herausforderungen immer in bester Laune. Na, bei den tollen Gästen! Mit einem tollen Team im Rücken produzierte sie täglich für viele hundert Gäste die feinsten Törtchen und Desserts.

Meine glücklichen und zu-
friedenen Kursteilnehmer
und -teilnehmerinnen mit
ihren Köstlichkeiten nach
getaner Arbeit beim ab-
schließendem Fotoshoo-
ting. Gemeinsam wurde
gewogen, gerührt und
gebacken, gestaunt und
genascht. Man hat sich
intensiv ausgetauscht und
jede Menge Spaß gehabt!

Mit viel Leidenschaft und
Humor möchte ich meinen
Gästen die hohe Kunst der
Patisserie nahebringen und
so ihre Lust am Backen wecken. Der richtige Umgang
mit den Arbeitsgeräten, den
hochwertigen Zutaten und
das Erlernen der richtigen
Backtechniken soll gut ver-
ständlich vermittelt werden.

Mein Ziel ist es, dass meine Schüler am Ende des Kurses in der Lage sind, neu Erlerntes zu Hause leicht nachzubacken. Weil Lernen auch Spaß machen soll, darf der Genuss in meinen Kursen natürlich nicht zu kurz kommen. Deshalb genießen wir am Ende unsere Backwerke und erleben so den »Sweet way of life« in Wöllsteins Desserthaus.

1x Aprikosenmarmelade

5 Vanillestangen
Backpulver
1kg Mehl 550
Salz

2 kg Butter
4 x Crème Double
500 Joghurt 3,5%
3x Milch
800 Frischkäse

1kg Erdbeere
3x Himbeere
1x Johannisbeere
3 Limetten
Passionsfrüchte
10 Ananas
1 Mangos / Minte
2

2 Ds. Kokosmilch 19%
1kg Kuvertüre 66%
1kg Kuvertüre 40%
1kg Weiße Kuvertüre
2 kg Kakaopulver

1 kg Mandel gerieben
500g Marzipan
Kokosraspel

6 Dessertgläser

Lebensmittelfarbe rot/gelb grün
kl. Sieb
Backpinsel 4 cm

In diesem Kapitel möchte ich Ihnen noch einige wichtige Informationen und Tipps an die Hand geben. In der Warenkunde sowie im Glossar werden die in meinen Rezepten hauptsächlich verwendeten Zutaten und deren Backeigenschaften ausführlich erläutert. Auch diverse Arbeitstechniken, die für jeden Backbegeister-ten wichtig sind, werden hier nochmals erklärt.

Mehl

Mehl ist eine der wichtigsten Zutaten beim Backen. Es bildet sozusagen das Gerüst eines Teiges. Das im Mehl enthaltene Klebereiweiß (Gluten) bindet beim Rühren oder Kneten die Flüssigkeit im Teig. Es ist dafür verantwortlich, dass beim Backen im Gebäckinneren eine Krume und außen eine Kruste entsteht und der Teig nach dem Backen seine Form behält. Mehl bleibt idealerweise geschmacklich im Hintergrund.

Die Mehltypen

Die Typenzahl des Mehls gibt darüber Auskunft, wie stark das Korn gemahlen wurde bzw. wie hoch sein Anteil an Mineralstoffen, Vitaminen und Ballaststoffen ist. Dieser wird in Milligramm pro 100 Gramm Mehl angegeben. Mehl der Type 550 enthält demnach 550 mg Mineralstoffe, Vitamine und Ballaststoffe pro 100 g.

Bei Getreide befinden sich die meisten Mineralstoffe, Vitamine und Ballaststoffe in der äußeren Schale des Korns. Je höher die Typenzahl, umso mehr Schalenbestandteile befinden sich im Mehl. Das erklärt auch die Mehlfarbe: Je höher die Typenzahl, umso dunkler ist das Mehl; stark ausgemahlene Mehlsorten sind hell. Hohe Typenzahlen sind zwar gesünder, lassen sich aber nicht so gut verbacken. Sie eignen sich eher für herzhafte Backwaren bzw. Brot und Brötchen, niedrige Typenzahlen dagegen für feine Gebäcke. Aus diesem Grund wird in der klassischen Konditorei – und auch in diesem Buch – überwiegend Mehl mit der Typenzahl 405 und 550 verwendet.

Wichtige Mehltypen zum Backen

Weizenmehl
· Type 405: für Mürbeteig, Sandkuchen, Rührteige, Plätzchen, Biskuits und Rouladen
· Type 550: für Briocheteige, Strudelteige, Hefeteige
· Type 812, 1050 oder 1600: für herzhafte Teige und Brotbackwaren

Roggenmehl
· Type 815: für Brot und Brötchen
· Type 997, 1150 (dunkles Mehl): für Brot
· Type 1370, 1740 (sehr dunkles Mehl): für Sauerteigbrot

Der wichtigste Unterschied zwischen Mehl der Type 405 bzw. 550 liegt neben dem Mineralstoffanteil im Kleberanteil, der für die Bindung und Elastizität des Teiges verantwortlich ist. Der Kleber, der das Wasser im Teig binden soll, wird erst beim Kneten richtig ausgebildet. Deshalb muss z.B. ein Strudel- oder Hefeteig etwa 15 Minuten geknetet werden, damit er die perfekte Elastizität erhält und sich gut ausziehen bzw. ausrollen lässt, ohne zu reißen.

Weizen- und Roggenmehl sind die gängigsten Sorten beim Backen. Eine Auswahl der wichtigsten Mehltypen und deren Verwendung finden Sie im Kasten auf Seite 298. Daneben werden auch Mehle aus Dinkel, Buchweizen, Mais, Reis, Hafer, Gerste, Hirse und Kartoffeln zum Backen verwendet.

Info: Nicht jeder Mensch verträgt das Klebereiweiß. Bei einer Glutenunverträglichkeit (Zöliakie) darf nicht jedes Mehl verwendet werden. Mehl aus Weizen und Dinkel hat einen hohen Glutengehalt, bei Mehl aus Roggen, Hafer und Gerste ist der Anteil niedriger. Glutenfrei dagegen ist Mehl aus Mais, Reis, Hirse und Pseudogetreide wie Quinoa, Amarant und Buchweizen.

Stärke

Stärke ist ein nicht süß schmeckender Mehrfachzucker und wird aus verschiedenen pflanzlichen Rohstoffen gewonnen, z.B. aus Getreide (Weizen und Roggen), Kartoffeln, Mais und Reis.

Stärke wird in der Konditorei in Pulverform als Speisestärke oder nach einem chemischen Verarbeitungsprozess auch als Stärkesirup, der aus dem Einfachzucker Glukose besteht, verwendet. Die Zugabe von Stärkesirup verhindert das Auskristallisieren in einer Zuckerlösung, da Glukose nicht kristallisationsfähig ist. So bleibt die Zuckerlösung weich, was z.B. bei der Pralinenherstellung besonders wichtig ist.

Als Mehlbestandteil ist die Stärke beim Backen hauptsächlich für die Wasserbindung und Krumenbildung im Teig verantwortlich. Separat zugegeben soll sie viel Flüssigkeit binden und damit dem Teig zusätzlichen Zusammenhalt geben.

Unter dem Mikroskop erscheint Stärke in Form kleiner Körnchen. Diese platzen bei Wasser- und Hitzezufuhr auf und binden das Wasser. Deshalb rührt man Stärke nur mit kaltem Wasser an, um ein frühzeitiges Verkleistern zu verhindern. Erst bei langsamem Erhitzen entfaltet die angerührte Stärke ihre Bindung.

Info: Für Desserts, aber auch zum Binden von Cremes und Saucen wird gern Sago oder Tapioka verwendet. Sago ist ein geschmacksneutrales Verdickungsmittel aus granulierter Stärke, Tapioka ist eine geschmacksneutrale Stärke aus der Maniokwurzel.

Butter

Butter wird aus dem pasteurisierten Rahm der Milch gewonnen. Zum Backen verwendet der Konditor ausschließlich Butter, die aus Kuhmilch herstellt wird. Sie ist mit mindestens 80 % Fettgehalt nicht nur ein wesentlicher Geschmacksträger, sondern auch verantwortlich für die Konsistenz von Teigen und Massen.

Verschiedene Butterarten

Mildgesäuerte Butter wird aus Süßrahm hergestellt. Dabei werden ihr Milchsäurebakterien zugesetzt, die verantwortlich für den ph-Wert sind, der zwischen 6,3 und 5,1 liegt.

Sauerrahmbutter wird aus gesäuerter Milch oder Rahm hergestellt. Der Butter werden zusätzlich Milchsäurebakterien zugesetzt, die ihr den leicht säuerlichen Geschmack verleihen. Der ph-Wert liegt bei höchstens 5,1.

Süßrahmbutter wird aus Milch oder Rahm hergestellt und kommt ohne die Zugabe von Milchsäurebakterien aus. Der Geschmack ist daher sahnig und mild. Der ph-Wert liegt bei mindestens 6,4.

Butterschmalz ist um Eiweißbestandteile, Wasser und Milchzucker bereinigtes Butter-Reinfett, das sich z.B. vorzüglich für die Fertigung von Baklawas (siehe Seite 213) eignet.

Gesalzene Butter ist eine mit Salz angereicherte Süßrahmbutter, die in vielen Backwaren - vor allem in Frankreich und Großbritannien - Verwendung findet. Ich persönlich verwende ungesalzene Butter, denn ich möchte meine Nachspeisen und Backwaren selbst abschmecken und Salz so verwenden, dass das Ergebnis perfekt abgerundet ist

Verwendung von Butter

Am häufigsten wird Butter für Teige verwendet, die gebacken werden, wie etwa Mürbeteige, Kuchenteige, Biskuits, Croissants, Brioches und Plundergebäck. Sie gibt aber auch Böden Bindung, die nicht gebacken werden, wie z.B. dem New York Cheesecake (siehe Seite 118).

Butter ist Bestandteil vieler Cremes (z.B. französischer gekochter Cremes), denen sie einen feinen Schmelz verleiht. In der Pralinenherstellung hat sie ebenfalls ihren festen Platz, denn auch hier ist sie in der Füllung für den feinen Schmelz der Praline mitverantwortlich und unterstützt die Festigkeit der Praline. Nicht zuletzt wird Butter gern zum Fetten von Kuchenformen verwendet, damit sich das Gebäck nach dem Backen leicht aus der Form lösen lässt.

Mein Tipp: Wer den Geschmack seiner Kuchen und Torten optimieren möchte, verwendet Butter und verzichtet auf Margarine oder anderes Fett. Mein persönlicher Favorit ist Süßrahmbutter. Sie hat unter Süßrahm-, Sauerrahm- und mildgesäuerter Butter den vollmundigsten, sahnigsten Geschmack, der am besten zur süßen Bäckerei passt und zu optimalen Ergebnissen führt. Machen Sie eine Butterverkostung und probieren Sie alle drei Sorten!

Milch und Milchprodukte

Ob Torten, Kuchen, Desserts, Cremes oder Eis – Milch und Milchprodukte haben in der ganzen Palette der Backwaren ihren festen Platz.

Milch

Milch wird in der Konditorei für verschiedenste Erzeugnisse eingesetzt, z. B. für Cremes, Eis und Vollmilchkuvertüre. Auch Teige und Massen wie Hefeteig oder Sandmasse enthalten Milch und bekommen durch die Umwandlung des Milchzuckers beim Backen eine schöne Bräunung.

Zum Backen eignet sich Milch mit einem hohen Fettanteil am besten, weil sie dem Teig mehr Elastizität verleiht. In meiner Back- und Dessertschule verwende ich ausschließlich Vollmilch (Kuhmilch) mit 3,5 % Fettgehalt. Neben Kuhmilch können aber auch (gezuckerte) Kondensmilch, Joghurt, Buttermilch und Kefir eingesetzt werden.

Mein Tipp: Milch kocht leicht über. Das liegt daran, dass das Milcheiweiß hitzeempfindlich ist und beim Kochen eine Haut bildet. Diese wird durch den entstehenden Wasserdampf nach oben gehoben. Da der Wasserdampf nicht entweichen kann, kocht die Milch über. Sie verhindern die Milchhaut, indem Sie den Milchtopf im Auge behalten und permanent umrühren.

Wichtige Milchprodukte für die Konditorei

- Schlagsahne: mindestens 30–33 % Fettgehalt
- Crème double: mindestens 40–42 % Fettgehalt
- Konditorsahne: bis 40 % Fettgehalt
- Schmand: mindestens 20 % Fettgehalt
- Saure Sahne/Sauerrahm: mindestens 10 % Fettgehalt

Milchprodukte

Sahne & Co. sind die »Basics« in jeder Konditorei. Sie werden aus Kuhmilch gewonnen und unterscheiden sich vor allem im Fettgehalt (siehe Kasten). Ihre Einsatzmöglichkeiten sind schier unbegrenzt.

Schlagsahne ist die unbestreitbare Nummer eins aus der großen Verwandtschaft der Milchprodukte. Zur Herstellung von Eis, Saucen oder Pralinen wird sie in ungeschlagener Form verwendet. Für Tortenfüllungen und -dekorationen, Eistorten, Parfaits und Desserts wird die Sahne steif aufgeschlagen, damit die Produkte mehr Volumen bekommen.

Mein Tipp: Verwenden Sie für die perfekte Schlagsahne nur Schlagsahne mit mindestens 32 % Fettgehalt. Je höher der Fettanteil, umso besser ist die Standfestigkeit der Sahne und Sie können auf die Zugabe von Sahnesteif verzichten. Ein noch besseres Ergebnis erzielen Sie, wenn Sie der Sahne vor dem Aufschlagen ein wenig Crème double (42 % Fettgehalt) beimengen. Durch den höheren Fettgehalt erhält die Sahne zusätzliche Standfestigkeit und schmeckt noch besser.

Kühlen Sie die Sahne sowie die Rührschüssel (idealerweise aus Edelstahl) vor der Verarbeitung gut durch. Die Schüssel können Sie dafür kurz in das Tiefkühlgerät stellen. Schlagen Sie die Sahne zügig auf und stellen Sie sie bis zur Weiterverarbeitung wieder kalt.

Zucker

Zucker gehört zu den wichtigsten Grundstoffen des Konditors. Der süße Rohstoff wird aus Zuckerrüben oder Zuckerrohr gewonnen und steht nach seiner Weiterverarbeitung in vielerlei Variationen zur Verfügung. Die wichtigsten Zuckerarten und Zuckerprodukte für die Konditorei und Patisserie finden Sie in untenstehendem Kasten.

Ohne Zucker geht es nicht

In erster Linie dient Zucker als Süßungsmittel. Er kann Füllungen, Teigen, Massen, Cremes oder Speiseeis zugesetzt werden oder bereits in fertigen Erzeugnissen wie Marzipan, Marmelade, Glasuren oder Schokolade stecken. Ob direkt zugesetzt oder indirekt verwendet, Zucker sorgt für einen harmonischen Geschmack. Außerdem erfüllt er beim Backen viele wichtige Eigenschaften:

Mein Tipp: Backwaren kann man natürlich auch mit anderen Zuckerarten oder Süßungsmitteln süßen. Beachten Sie jedoch, dass der Austausch des im Rezept angegebenen Zuckers durch andere Süßungsmittel oder auch das Reduzieren der Zuckermenge sich wesentlich auf Geschmack, Farbe und Konsistenz des Gebäcks auswirken.

· Bei der Hefeteigherstellung beeinflusst Zucker die Gärtätigkeit.
· Beim Backen entwickelt sich eine Kruste und Färbung, die u. a. vom Zuckergehalt abhängig ist.
· Beim Aufschlagen von Eiweiß oder Sahne ist Zucker wichtig, weil er die Stabilität des Eischnees bzw. der Schlagsahne verstärkt.

Die wichtigsten Zuckerarten und -produkte

· Demerarazucker: für Teige, zum Karamellisieren von Brulée
· Flüssiger Fondant: zum Überziehen von Petits Fours und Torten, zum Glasieren von Plunder-, Cronuts-, Blätterteig und Teegebäck (siehe auch Seite 310)
· Hagelzucker: als Dekorationszucker auf Gebäck
· Kristallzucker: für die meisten Konditorei-Produkte (hier im Buch nur kurz »Zucker« genannt)
· Läuterzucker (Zuckersirup): abgeschmeckt mit Alkohol zum Tränken von Tortenböden (siehe auch Seite 153)
· Muscovadozucker: für die Lebkuchenherstellung, für Teige, für Törtchenböden
· Puderzucker: für Teige, Cremes und Eiweißspritzglasur, als Dekoration, zum Karamellisieren
· Rollfondant (Dekorzucker zum Ausrollen): als Überzug für Torten oder Cookies, als Dekoration für Torten (siehe auch Seite 311)
· Vanillezucker: mit Vanille aromatisierter Zucker (siehe auch Seite 215)

Eier

Eier sind aus der Backstube nicht wegzudenken. Zum Backen werden ausschließlich frische Hühnereier verwendet. Dabei gilt: Je besser das Ei, desto besser der Geschmack! Frische Bio-Eier sind daher für optimale Ergebnisse die erste Wahl. Eier müssen gekühlt aufbewahrt und vor dem Backen idealerweise auf Zimmertemperatur gebracht werden (also frühzeitig aus dem Kühlschrank nehmen!).

Gewichtsklassen

Eier gibt es in den Gewichtsklassen S, M, L und XL mit einem Gewicht zwischen 50 und 70 g pro Ei. Rechnen Sie bei den Rezepten, sofern nicht anders angegeben, mit einem Eigewicht von 50 g (davon 20 g Eigelb und 30 g Eiweiß). Das entspricht in etwa der Gewichtsklasse M. Um ein stets gleichbleibendes Backergebnis zu erzielen, sollten Sie die Eier bzw. das Eigelb oder das Eiweiß immer auswiegen. In der Profi-Backstube wird das grundsätzlich so gemacht.

Bestandteile des Eies

Je nach Gebäck werden Eier entweder als Vollei verarbeitet oder in Eigelb und Eiweiß getrennt.

Vollei wird häufig für die Herstellung von Hefeteigen, Brandmassen, Sandmassen, Biskuitmassen und Cremes verwendet und ist mitverantwortlich für ein größeres Volumen im Gebäck.

Eigelb bewirkt wegen des hohen Fettgehalts (33 %) eine längere Haltbarkeit und Saftigkeit im Gebäck. Für die Herstellung von Buttercreme, Makronenmassen, Vanillesauce und Speiseeis wird Eigelb ebenfalls verwendet, ebenso für Eistreiche. In einer Sauce darf man Eigelb nur auf 82–85 °C erhitzen; bei dieser Temperatur beginnt das Eigelb zu binden und macht die Sauce cremig und dickflüssig.

Eiweiß besitzt eine gute Schlagfähigkeit. Beim Aufschlagen entstehen sehr viele Luftbläschen, die dem Teig zusätzliches Volumen geben. Aufgeschlagenes Eiweiß (Eischnee) kommt hauptsächlich bei Macarons (siehe Seite 210), Baiser (siehe Seite 50), Italienischer Buttercreme (siehe Seite 56) oder Baumkuchen (siehe Seite 106) zum Einsatz. Beim Aufschlagen müssen Geräte und Eiweiß stets fettfrei sein, denn Fett wirkt der Blasenbildung entgegen. Gerührt findet Eiweiß für eine Eiweißspritzglasur (siehe Seite 70) Verwendung.

Mein Tipp: Befindet sich beim Auswiegen von Eiern zu viel Ei in der Schüssel, kann man etwas vom Eiweiß abnehmen (meist ist im Ei etwas mehr Eiweiß als Eigelb enthalten). Eiweiß lässt sich gut verpackt mehrere Tage im Kühlschrank aufbewahren und für Macarons (siehe Seite 210) oder Italienische Buttercreme (siehe Seite 56) verwenden. Mischen Sie aber keinesfalls altes und neues Eiweiß und schreiben Sie immer das Datum auf die Schüssel, um nicht den Überblick zu verlieren, wie alt das Eiweiß bereits ist.

Schokolade und Kuvertüre

Das ist nicht zufällig mein Lieblingskapitel! Schokolade ist Genuss pur und gehört – in Maßen, versteht sich – zum Wohlfühlen einfach dazu. In der Konditorei und Patisserie spielt Schokolade eine herausragende Rolle und ihre Einsatzmöglichkeiten sind sehr vielfältig. Ich verwende ausschließlich feinste französische Schokolade bzw. Kuvertüre und Kakaopulver von Valrhona, weil mir die Zusammensetzung der einzelnen Zutaten, aber auch die Röstung am besten schmeckt. Wie überall, so gilt auch hier: Das fertige Produkt kann nur so exklusiv und hochwertig sein wie die Summe seiner Zutaten.

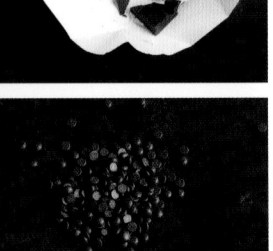

Kuvertüresorten

In der Konditorei findet hauptsächlich Kuvertüre Verwendung. Aus der Kakaobohne werden Kakaomasse und Kakaobutter gewonnen. Letztere wird durch Zugabe von Zucker und Milchprodukten zu Kuvertüre weiterverarbeitet. Beim Veredeln der Kuvertüren durch individuelle Rezepturen der Schokoladenhersteller entstehen feinste Kreationen mit Haselnuss, Mokka, Joghurt usw.

Kuvertüre unterscheidet sich wesentlich durch ihren Kakaoanteil und ihre Zusammensetzung.

Man unterscheidet die drei Hauptkategorien weiße Kuvertüre, Vollmilchkuvertüre und bittere Kuvertüre. Innerhalb dieser Kategorien wiederum gibt es eine Vielzahl an weiteren Kuvertüren mit unterschiedlichem Kakao-, Zucker-, Milch- und Fettanteil. Durch die unterschiedliche Röstung der Bohne erhält die Kuvertüre zusätzlich eine indviduelle Note von würzig, karamellig, waldig, milchig bis leicht säuerlich. Der Konditor kann mit jeder einzelnen Kuvertüresorte eine neue Rezeptur kreieren und variabel einsetzen. Die Kuvertüren und Schokoladen, die in diesem Buch verwendet werden, finden Sie im Kasten links.

Verwendung von Kuvertüre

Das Arbeiten mit Kuvertüre erfordert einiges an Wissen, da der Rohstoff sehr empfindlich ist. Eine genaue Anleitung zum Temperieren von Kuvertüre finden Sie auf Seite 68. Auch das Schmelzen von Kuvertüre ist eine (kleine) Wissenschaft für sich. Wie das schnell und einfach geht, ist auf Seite 102 beschrieben. Die Kuvertüre von Valrhona, die ich verwende, liegt übrigens in Pellets-Form vor – das sonst übliche Kleinhacken vor der Verarbeitung kann hier also entfallen. Ist die Kuvertüre vorbereitet, kann sie als Zugabe in Cremes und Mousse, Puddings, Schokoladenmürbeteig, Eis, Biskuitmassen uvm. verwendet werden. Außerdem kommt sie als Dekor, als Glasur, in Pralinen und Getränken zum Einsatz:

In diesem Backbuch verwendete Kuvertüren und Schokoladen

- Weiße Kuvertüre Valrhona Dulcey mit 32 % Kakaoanteil
- Weiße Kuvertüre Valrhona Ivoire mit 35 % Kakaoanteil
- Vollmilchkuvertüre Valrhona Jivara mit 40 % Kakaoanteil
- Bittere Kuvertüre Valrhona Caraibe mit 66 % Kakaoanteil
- Bittere Kuvertüre Valrhona Araguani mit 72 % Kakaoanteil
- Valrhona Zartbitter-Chips mit 60 % Kakaoanteil
- Valrhona Pralinenpaste mit einem Haselnuss-Mandel-Anteil von je 25 % in der Pralinenmasse
- Valrhona Kakaopulver

Dekore geben Ihren Torten, Törtchen und Desserts eine ganz besondere Note, sind ein echter Hingucker und gar nicht schwer anzufertigen (siehe auch Seite 102 und 103).

Glasuren werden als Schokoladenglasur in temperiertem Zustand (siehe auch Seite 68) aufgetragen oder als Schokoladenfettglasur in Verbindung mit gehärtetem Kokosfett zum Überziehen von Torten und Törtchen verwendet (hier wird auf das Temperieren verzichtet). Auch eine Glasur aus Ganache (einer Mischung aus Kuvertüre und Sahne) kann als Überzug für Torten und Desserts dienen.

Pralinen und Trüffel werden mit einer Ganache (einer Mischung aus Kuvertüre und Sahne) gefüllt, aber auch für Hohlkörper und Hüllen wird Kuvertüre verwendet.

Trinkschokolade und Shots - Schokolade/Kuvertüre in Verbindung mit Sahne, Früchten, Likören und Bränden oder auch Gewürzen - sind das ganze Jahr über ein schnell zubereitetes Highlight.

Mein Tipp: Wählen Sie die Schokolade/Kuvertüre, die Ihnen am besten schmeckt, aber bedenken Sie: Je exklusiver eine Torte oder ein Dessert schmecken soll, desto hochwertiger soll die verwendete Schokolade/Kuvertüre sein.

Lebensmittelfarbstoffe

Lebensmittelfarbstoffe spielen in der Konditorei eine wichtige Rolle. Sie verleihen dem Gebäck einen individuellen Touch und weisen auch optisch auf eine Geschmacksrichtung hin. Idealerweise verwendet man jedoch nur so viel, wie nötig, etwa wenn das Produkt aufgrund seiner schwachen Eigenfarbe unappetitlich aussieht.

Bunte Vielfalt

Durch die vielen bunten Macarons und farbenfroh dekorierten Torten, die mehr und mehr die Auslagen der Konditoreien zieren, erleben Lebensmittelfarben einen großen Aufschwung. Für das Einfärben von Massen und Cremes, Flüssig- und Rollfondant, Marzipan und Eiweißspritzglasuren stehen Lebensmittelfarben mit Zusatzstoffen oder natürliche (färbende) Bestandteile von Lebensmitteln zur Verfügung. Künstliche Lebensmittelfarben - erkennbar an den vielen E-Nummern - müssen deklariert werden.

Pulverfarben eignen sich aufgrund ihrer Eigenschaften hervorragend für die Profi-Patisserie. Sie haben eine intensive Färbekraft und sind auch untereinander gut mischbar. Man rührt sie in kleinsten Mengen mit hochprozentigem, klarem Alkohol an. Sie sind sehr gut geeignet für das Einfärben von Macarons, Fondant, Marzipan und Buttercreme.

Flüssige Farben eignen sich gut zum Einfärben von Massen, allerdings sollten Sie sehr behutsam vorgehen und die Farben nur tropfenweise zusetzen, da die flüssige Farbe die Konsistenz der Masse verändert.

Gelfarben oder Farben aus der Tube empfehle ich wegen ihrer meist schwächeren Färbekraft eher weniger. Hinzu kommt, dass Gelfarben durch das Öffnen der Döschen oder Tuben schneller eintrocknen und zudem das Gebäck in der Konsistenz verändern.

Natürliche Lebensmittelfarben finden Sie im Kühl- oder Vorratsschrank, z. B. Rote-Bete-Pulver (rosafarben bis rot), Kakaopulver (braun), Matchatee-Pulver oder Spinatpüree (grün), Kurkuma (gelb) und Blaubeeren (lila).

Gewürze

Gewürze präsentieren sich in einer wunderbaren, aromatischen Vielfalt. Ihren Einsatzmöglichkeiten in der Konditorei sind kaum Grenzen gesetzt. Viele Gewürze werden aus Früchten gewonnen (z. B. Fenchel, Kardamom, Koriander, Anis, Sternanis, Muskat, Mohn, Piment, Pfeffer und Vanille). Manche gewinnt man aber auch aus Fruchtteilen (z. B. Macis und Zitronenschale), aus Rinde (z. B. Zimt) oder aus Wurzeln (z. B. Ingwer). Hier sehen Sie die gebräuchlichsten Gewürze und ihre Verwendung im Überblick:

Anis und Sternanis

Zwei Gewürze unterschiedlicher Herkunft. Klassisch für ihre Verwendung sind Anisplätzchen. Sternanis hat zusätzlich in der Patisserie seinen festen Platz, z. B. beim Pochieren von Birnen oder als Geschmackskomponente gekochter Fruchtsaucen.

Gewürznelke

Die Weihnachtsbäckerei ist hier das Stichwort – Lebkuchen und Spekulatius sind ohne Gewürznelken fast undenkbar.

Kardamom

Ein Gewürz mit süßlicher, leicht brennender, würziger Note, das sich sehr gut in Lebkuchen, Stollen oder Honigkuchen macht und in Gewürzmischungen für die Weihnachtsbäckerei zu finden ist.

Limette und Zitrone

Der Abrieb oder Saft beider Früchte verleiht Massen (z. B. Wiener Biskuit, siehe Seite 40), Sahne, Cremes, Dekor, Speiseeis uvm. eine feine, spritzige Note. Ein kleiner Tipp: Wird nicht der gesamte Abrieb oder Saft einer Frucht benötigt, kann man diesen problemlos einfrieren.

Macis

Macis, die Muskatblüte, stammt wie die Muskatnuss vom Muskatnussbaum, wird jedoch in der Bäckerei anders verwendet. Oft ist sie Bestandteil einer Gewürzmischung. Man kann sie aber auch mitkochen (anschließend wieder entfernen) oder gemahlen verwenden.

Muskatnuss

Die Muskatnuss ist der Samenkern der Muskatnussfrucht, dessen Samenmantel die Muskatblüte (siehe Macis) ist. Gehen Sie behutsam mit diesem Gewürz um! Die Muskatnuss wird frisch ins Gebäck oder Dessert gerieben und sollte nicht überdosiert werden. Ihr ganz besonderes Aroma harmoniert wunderbar mit Weihnachtsgebäck, Desserts, Puddings, Früchten und vielen Tortenfüllungen.

Piment

Mit seiner leichten Schärfe passt Piment in der weihnachtlichen Backstube gut zu Pfeffer- und Lebkuchen.

Pfeffer

Ihn gibt es in verschiedenen Sorten, z. B. weißen, roten und schwarzen Pfeffer. In der klassischen Konditorei wird Pfeffer meist in Käsegebäck verwendet. In der modernen Patisserie verleiht er so manchem Dessert (z. B. dem Männer-Dessert, siehe Seite 248) einen raffinierten Kick. Der (frisch gemahlene) Pfeffer muss wohl dosiert sein, damit er das Dessert nicht dominiert und der Geschmack nicht kippt.

Salz

Salz zählt eigentlich nicht zu den Gewürzen, da es ein anorganischer Stoff ist, also ein Mineral. Dennoch gehört es in diese Liste, da Salz in der Konditorei einem Gebäck oder einer Nachspeise den gewünschten Geschmack verleiht, indem es den Eigengeschmack der Zutaten hervorhebt. Schon eine Prise Salz genügt, um den Eigengeschmack eines Teiges zu stärken oder um Schokoladenmousses,

Füllungen, (Karamell-)Saucen und Pralinen den richtigen Pfiff zu geben. Salz ist ein interessanter Gegenpol zu der vorhandenen Süße.

Vanille

Das Ausschaben einer Vanilleschote ist nicht schwer. Man schlitzt sie der Länge nach auf und schabt mit einem Messer das Mark heraus. Das Vanillemark veredelt Teige, Cremes, Eis und Sahne. Aber auch die ausgeschabte Schote kann man gut verwenden. In Milch oder Sahne mitgekocht gibt sie ihr wunderbares Aroma ab, oder man legt sie einige Tage in Zucker ein und stellt so feinsten, aromatischen Vanillezucker her. In meiner Backstube verwende ich ausschließlich echte Bourbon-Vanilleschoten aus Madagaskar. Sie sind aromatischer und enthalten mehr Vanillin als andere Sorten.

Zimt

Die Weihnachtsbäckerei ohne Zimt ist kaum vorstellbar. Nicht nur in Zimtsternen, so gut wie in jedem Plätzchen und Lebkuchen steckt das herrliche Gewürz, das als Pulver oder Zimtstange zur Verfügung steht. Zimt kann man jedoch das ganze Jahr über verwenden; er verfeinert und würzt Teige, Cremes, Sahne und Milchreis und rundet so die süßen Speisen fein ab. Verwenden Sie möglichst den »echten« Ceylon-Zimt, der nicht nur wunderbar schmeckt und wärmt, sondern sich auch positiv auf die Gesundheit auswirken soll.

Mein Tipp: Achten Sie wie bei allen anderen Backzutaten auch bei den Gewürzen auf beste Qualität!

Gelatine

Gelatine ist ein tierischer Quellstoff und wird aus geschmacksneutralen Proteinen aus dem Bindegewebe (Kollagenfasern) von Schlachttieren wie Schweinen oder Rindern gewonnen. Gelatine dient als Bindemittel und verleiht in der Konditorei Saucen oder Tortenfüllungen eine feste Beschaffenheit. Es gibt sie in Pulver- oder Blattform. Pflanzliche Alternativen sind Agar-Agar und Pektin (siehe auch Seite 310). In diesem Buch wird aber für die meisten Rezepte Gelatine als Geliermittel verwendet.

Gelatine richtig anwenden

Blattgelatine weicht man in eiskaltem Wasser ein und lässt sie etwa 5 Minuten quellen. Die Blattgelatine wird anschließend ausgedrückt. Dann verarbeitet man die Gelatine nach einer der folgenden Methoden weiter:

1. Die Gelatine in eine heiße Masse einrühren, sodass sie sich schnell auflöst und gleichmäßig verteilt.

2. Die Gelatine in einem kleinen Topf vorsichtig erwärmen, bis sie sich ab 50 °C langsam auflöst. Dann erst in die Masse, Creme oder Mousse einrühren. Achtung: Gelatine darf nicht zu hoch erhitzt werden, da sie sonst ihre Bindekraft verliert!

3. Soll die Gelatine in eine sehr kalte Creme oder Sahne eingerührt werden, nimmt man etwas von der Masse ab und erwärmt sie zusammen mit der Gelatine. Diese Mischung lässt sich danach leichter in der kalten Masse verteilen, ohne dass die Gelatine zu schnell anzieht und Klümpchen bildet.

Mein Tipp: Die von mir verwendete Gelatine wiegt 2 g pro Blatt. Multiplizieren Sie die Stückzahl mit 2, so erhalten Sie das Gesamtgewicht. (Im Handel sind unterschiedliche Blätter erhältlich.)

Koscher backen

Einer meiner vielen Auslandsaufenthalte führte mich Ende der 1990er-Jahre erstmals beruflich nach London. Im Fünf-Sterne Hotel »The Langham Hilton« arbeitete ich als Pastry Chef. Dort durften wir sehr viele Veranstaltungen und Aufträge für jüdische Gäste organisieren und ausführen. Die Besonderheit lag darin, dass für die Gäste ausschließlich koscher gebacken wurde. Das bedeutete, dass das gesamte Arbeitsumfeld, die Zutaten sowie die Rezepte den jüdischen Speisegesetzen folgen mussten. Beispielsweise darf nicht die geringste Spur von Blut im Frischei enthalten sein. Die kosheren Zutaten bezogen wir also von jüdischen Spezialhändlern. Für uns bedeutete das auch, vor Arbeitsbeginn die komplette Abteilung nochmals zu reinigen und in Alufolie einzuwickeln. Unvorstellbar, wie viele hundert Meter Alufolie wir dafür verwendet haben! Das ganze Backequipment und Kochgeschirr wurde zusätzlich sterilisiert, sodass es komplett rein war.

Zu jeder kosheren Veranstaltung kam der Beauftragte der jüdischen Gemeinschaft, der Rabbiner, in die Küche und überwachte das gesamte Küchenteam. Für jede Abteilung kam ein eigener Rabbiner, so auch für uns in die Patisserie. Der Rabbiner trennte zum Beispiel alle Eier und prüfte jedes einzelne Ei auf Blutreste (meist bis zu 200 Stück), bevor ich damit weiterarbeiten konnte. Da ich meist unter Druck stand, die große Veranstaltung termingerecht zu erledigen, wurde ich oft nervös angesichts der Ruhe und Gelassenheit des Rabbiners und musste x-mal drängen, mir schnell die Eier zu übergeben.

Koscher backen war also immer eine große Herausforderung!

Eine kleine Auswahl weiterer Stars und Sternchen, die ich in der Zeit von 1988–2008 mit meinen Kreationen begeistert habe

In London (The Dorchester London / Grosvenor House London / Langham Hilton London)

› Im Grosvenor House habe ich mit meinem Team viele Bankette produziert wie zum Beispiel: Sony Music Award, Bafta Film Awards, Mercury Music Award, BBC Music Award, Q Awards, NFL National Football League, Autosport Awards - wo viele internationale Gäste wie Amy Winehouse, Kylie Minogue, Lewis Hamilton und zahlreiche andere ausgezeichnet wurden. Fast täglich hatten wir etwa 1 000 Gäste nur im Great Room plus viele kleine Events in den vielen Banketträumen. Allen Gästen wurde das Dessert gleichzeitig serviert.

› HRH Anne - Her Royal Highness The Princess Royal
› HRH Prince Philip, Duke of Edinburgh
› George W. Bush, damaliger Präsident der Vereinigten Staaten von Amerika
› Tony Blair, damaliger Premierminister des Vereinigten Königreichs
› Der Sultan von Brunei mit Ehegattin Saleha wurde aus meiner Patisserie regelmäßig verwöhnt.
› Angelina Jolie
› Sharon Osbourne, von X-Factor, erhielt von mir eine Überraschungstorte.
› Anton Mosimann: großes Tortenbuffet anlässlich seines 60. Geburtstages
› George Clooney
› Donatella Versace
› Michael Jackson

In München (Park Hilton Hotel, Hotel Vier Jahreszeiten)

› Frank Sinatra und Liza Minnelli: Für ihre Heimreise in die USA sollte ich eine »Lunch Box« mit Petits Fours, Cakes und Pralinen zaubern.

› Für Gianna Nannini, die ein ganzes Wochenende bei uns im Hotel zu Gast war, durfte ich Törtchen, Gebäck, Desserts zubereiten und diese sogar selbst überreichen. Dabei lachte sie über meine lustigen Backstubenschuhe und sagte wörtlich: »Oh, mein Papa hat die gleichen Schuhe! Er ist auch Bäcker und hat in Siena eine Bäckerei!«

Auszeichnungen

1989 – München
Erster Platz beim »Ball der 1 000 Torten« für die Frauenkirche aus Schokolade

2001 – Dubai / Vereinigte Arabische Emirate
Goldmedaille für »Hochzeitstorte« auf der »Global Wedding Cake Competition«

2002 – Dubai / Vereinigte Arabische Emirate
Bronzemedaille für »Schokoladenschaustück Schloss Neuschwanstein« auf der »Culinary Competition Dubai Summer Surprise«

2002 – Dubai / Vereinigte Arabische Emirate
Silbermedaille für »Arabische Hochzeitstorte« auf der »Culinary Competition Dubai Summer Surprise«

Glossar

Zutaten, die in diesem Buch verwendet werden:

Agar-Agar

Agar-Agar ist ein Quell- bzw. Bindemittel, das aus Rotalgen gewonnen wird. Es ist als fester Rohstoff oder in Pulverform erhältlich. Pro Liter Flüssigkeit werden maximal 8 g Agar-Agar zugesetzt. Um Agar-Agar als Bindemittel einzusetzen, muss es in kaltem Wasser eingeweicht werden. Beim Kochen in Flüssigkeit quillt es sehr stark und wird erst beim Erkalten fest. Agar-Agar kann jederzeit wieder verflüssigt und erneut verwendet werden. Es wird in der veganen Bäckerei gerne als Ersatz für Gelatine verwendet.

Eisbindemittel

Eisbindemittel ist ein Zusatzstoff, der im Eis oder Sorbet als Quellmittel eingesetzt wird. Bei der Sorbetherstellung sorgt es für eine quellende Bindung entweder bei Erzeugnissen mit einem hohen Wassergehalt oder dort, wo die Wasserbindeeigenschaft der Eigenbestandteile nicht ausreicht. Dadurch erhält das Sorbet beim Gefrieren eine geschmeidige Konsistenz.

Flüssiger Fondant

Fondant ist ein Zuckererzeugnis und wird aus gekochter Zuckerlösung hergestellt. Zuerst wird Zucker mit Wasser bei 118 °C »zum starken Flug« gekocht (siehe auch »Arbeitstechniken« auf der nächsten Seite). Anschließend wird der Fondant auf einer Marmorplatte zu einer geschmeidigen Masse tabliert (siehe auch »Arbeitstechniken« auf der nächsten Seite). Flüssiger Fondant wird heute industriell hergestellt und kann sehr lange gelagert werden. Um damit Gebäcke und Petits Fours zu glasieren, wird der Fondant auf etwa 40 °C erwärmt. Bei Bedarf kann der Masse etwas Wasser und Glukose hinzugefügt werden, um damit z.B. mit einem Pinsel Plundergebäck zu glasieren oder Petits Fours darin einzutauchen. Fondant kann gut mit Lebensmittelfarbe eingefärbt werden.

Konditorschlagcreme

Konditorschlagcreme ist ein veganes Sahne-Ersatzprodukt und wird u.a. aus gehärtetem Pflanzenfett hergestellt. Mit einer ähnlichen Eigenschaft wie Schlagsahne, wird die Schlagcreme auch für Cremetorten und Törtchen sowie für die Mousse-Herstellung verwendet. Die Creme kann eingefroren werden.

Modelliermarzipan

Um Marzipan formen zu können, muss es mit Puderzucker angewirkt werden. Dazu wird gesiebter Puderzucker langsam mit der Hand in das Rohmarzipan eingearbeitet (auf ein Teil Marzipan darf höchstens ein Teil Puderzucker hinzugefügt werden!). Wichtig beim Einarbeiten des Zuckers sind saubere Hände und eine saubere Arbeitsplatte, damit das Marzipan nicht gärig wird. Marzipan trocknet sehr schnell aus und muss daher immer sofort wieder in Frischhaltefolie verpackt werden. Modelliermarzipan wird zur Dekoration von Torten oder zum Modellieren von Figuren verwendet. Auf einer leicht mit Puderzucker bestaubten Arbeitsfläche kann man das Modelliermarzipan leicht mit einem Rollholz ausrollen; es ist danach noch biegsam.

No-Egg

No-Egg ist ein Ei-Ersatzprodukt, das in der veganen Bäckerei eingesetzt wird, um die notwendige Lockerung und Bindung des Gebäcks herbeizuführen. Seine Inhaltsstoffe sind Kartoffelstärke, Tapiokamehl, pflanzliche Verdickungsmittel wie Carrageen und Guarkernmehl, Methylzellulose, Kalziumkarbonate und Zitronensäure.

Pektin

Pektin ist ein pflanzliches Geliermittel und besteht aus verschiedenen Mehrfachzuckern. Es wird aus den obsteigenen Stoffen von Apfel, Quitte oder Zitrusschalen gewonnen. Die Verwendung des Pektin NH (Bezeichnung des Herstellers) ist hauptsächlich für Produkte aus Früchten sowie zur Bindung von Saucen, Füllungen oder Überzügen geeignet. Durch die Verbindung mit Säure und Zucker entsteht ein irreversibler chemischer Prozess, d.h., die Verbindung von Wasser und Bindemittel kann nicht mehr rückgängig gemacht werden. Um Saucen mit Pektin NH zu binden, wird das Pektin mit Zucker gemischt und anschließend in das kochende Fruchtmark eingerührt, bis eine cremige Konsistenz entsteht.

Rollfondant

Rollfondant ist eine weiche Zuckermasse für die moderne Tortendekoration. Zur Verarbeitung wird der Fondant auf einer mit etwas Speisestärke bestaubten Backmatte mit einem Rollholz bis zur gewünschten Stärke ausgerollt und dann über die Torte gelegt. Rollfondant wird auch zum Modellieren von Figuren verwendet und ist mit Lebensmittelfarbe gut einfärbbar; hier kommen die Farben sogar besonders brillant zur Geltung. Mit Rollfondant eingedeckte Kreationen werden im Kühlschrank aufbewahrt, sollten jedoch gut verpackt werden, damit der Fondant nicht klebrig wird.

Soja-Cream-Cheese

Soja-Cream-Cheese ist ein veganes Sojaprodukt. Es wird wie Frischkäse eingesetzt und hat eine ähnliche Konsistenz und Eigenschaft.

Arbeitstechniken, die in diesem Buch zur Anwendung kommen:

Brandmasse abbrennen

Die Brandmasse (auch Brandteig oder Brühteig) ist eine Masse, die abgeröstet wird. Dazu wird in einem Topf Flüssigkeit zusammen mit Fett aufgekocht, dann erst kommt das Mehl in einem Schwung dazu. Nun wird so lange gerührt, bis der Topfboden einen weißen Belag bekommt, d.h., bis die Stärke verkleistert und die ganze Flüssigkeit bindet. Durch das Gerinnen des Klebereiweißes erhält die Masse Stabilität, bleibt zudem sämig und ist gut spritzbar. Eier werden erst dann dazugegeben, wenn die Masse etwas abgekühlt wird. Aus der Brandmasse werden z. B. Windbeutel, Profiteroles und Eclairs hergestellt.

Tablieren

Tablieren kommt vom englischen Wort *table* (Tisch) und bedeutet in der Konditorfachsprache, dass eine Masse auf einem Marmortisch permanent bewegt wird, um sie durch das Unterheben von Luft abzukühlen. Das Tablieren kommt beim Temperieren von Kuvertüre (siehe Seite 68) und bei der Herstellung von flüssigem Fondant zur Anwendung.

Zum starken Flug kochen

Erhitzt man eine Zuckerlösung (Zucker mit Wasser) in einem Topf, wird der Zucker mit dem Verdampfen des Wassers über 100 °C immer heißer und mit jedem Kochgrad fester. Bei steigender Hitze verdichten sich die Zuckermoleküle und die Viskosität (Zähflüssigkeit) der Zuckerlösung wird somit dicker. Die verschiedenen Zuckergrade werden auf dem Zuckerthermometer abgelesen. Der Zucker hat bei 116-118 °C den »starken Flug« erreicht und bleibt zäh und farblos. Wird der Zucker beim Erreichen des »starken Flugs« noch in heißem und flüssigem Zustand einem Eischnee hinzugefügt, so erhält der Eischnee beim Kaltschlagen eine kompakte Konsistenz. Diese Methode wird z. B. bei der Italienischen Buttercreme (siehe Seite 56) angewendet. Würde der Zucker weiter erhitzt, entstünde z. B. bei 180 °C ein Karamell, der sich golden verfärbt und beim Erkalten erstarrt.

Zur Rose abziehen

Eine Flüssigkeit »zur Rose abziehen« bedeutet, dass das Eigelb in einer Creme während des Erhitzens bei 82-85 °C bindet, also andickt. Dabei ist es wichtig, dass man permanent mit einem Kochlöffel die Sauce gleichmäßig vom Topfboden bewegt, sodass sie nicht anbrennen kann. Für die Bindung ist das im Eigelb enthaltene Eiweiß (Dottereiweiß) verantwortlich. Es gerinnt bei über 50 °C und beginnt zu quellen. Wenn die Flüssigkeit zu heiß wird, verfestigt sich das Dottereiweiß in der Creme zu stark und flockt aus. Für den Praxistest gibt man etwas von der Creme auf einen Kochlöffelrücken und pustet darauf. Hat die Creme gebunden, entsteht beim Daraufpusten ein Rosenmuster - daher auch die Bezeichnung »zur Rose abziehen«. Verwendet wird diese Methode bei der Herstellung von Vanillesauce, Eiscreme und anderen Cremes.

Meine Lieblingsgeräte und -produkte

Schokolade/Kuvertüre

Schon als Executive Pastry Chef habe ich ausschließlich mit den besten Kuvertüren gearbeitet. Auch in meiner eigenen Back- und Dessertschule bin ich meiner Lieblingsschokolade von Valrhona - einem französischen Produkt - treu geblieben. Valrhona hat nach meinem Geschmack mit seiner feinen Röstung einfach die beste Schokoladen- und Pralinéauswahl. Ein exklusiver Hochgenuss - I love it!

Küchenmaschine

Wer gerne und viel backt und flott vorankommen möchte, kann auf eine gute Küchenmaschine nicht verzichten. Meine KitchenAid Küchenmaschinen sind robuste und zuverlässige Helfer, die meine Zutaten aufschlagen oder kneten, während ich schon die nächsten Arbeitsschritte vornehmen kann.

Handrührgerät

Beim Backen muss man oft schnell kleinste Mengen verrühren, die für eine Küchenmaschine zu gering und für das Verarbeiten mit der Hand dennoch zu groß sind. Deshalb ist für mich ein zuverlässiges Handrührgerät so wichtig. Und weil Zeit auch Geld ist, steht in meiner Sammlung ein neues Hochleistungshandrührgerät von Kenwood: der HM620, mit dem das Sahneschlagen sogar weniger als 1 Minute dauert! Gigantisch!

Backmatten

Als Profi bin ich über jede Backhilfe dankbar, die mir das Arbeiten erleichtert. Seit über 50 Jahren gibt es die zuverlässigen Profi-Backmatten von Demarle – und ebenso lange brauche ich beim Backen fast kein Backpapier mehr. Die vielen Backmatten und -formen aus silikonbeschichtetem Glasfasergewebe sind sehr strapazierfähig und ersparen uns Bäckern zudem das Einfetten der herkömmlichen Metallförmchen. Die vielseitigen Einsatzmöglichkeiten der unterschiedlichen Matten sind eine wirklich große Hilfe im Alltag, denn damit lassen sich Teige ausrollen, Tortendekore herstellen, das Produkt einfrieren und vor allem lässt es sich darauf perfekt backen.

Danksagung

An dieser Stelle ist es mir wichtig, all denjenigen zu danken, die an meinem Buch direkt und indirekt mitgewirkt haben, damit es überhaupt entstehen konnte. Und so ist nun eine Sammlung aus Rezepten und Geschichten aus fast 30 Jahren meiner bunten Patisserie-Welt entstanden, die ohne meine Familie und lieben, treuen Freunde nicht so bunt gewesen wäre.

Zuerst jedoch ein großes Danke an alle meine Gäste, die seit Bestehen meines Desserthauses durch meine »Schule« gegangen sind und mit viel Wissbegierde und Lust aufs Backen von meiner Erfahrung lernen wollten. Viele von meinen Schülern haben mich dazu ermutigt, meine Rezepte zu Papier zu bringen und sie so noch mehr Backbegeisterten zugänglich zu machen.

Beginnen wir mit dem »Grande Finale«, der Produktion und Fertigstellung. Hier möchte ich meiner liebsten Caroline Winkler von ganzem Herzen danken. Ohne ihren unerschütterlichen Einsatz hätte ich das große und spannende Projekt während der gesamten Hauptsaison in meiner Dessertschule wohl nicht geschafft. Sie hat mich beim Ausarbeiten der Rezepte, bei der Durchführung des gesamten Fotoshootings (davon hatten wir ja einige) und beim vielen Korrekturlesen tapfer unterstützt und mich immer wieder motiviert, wenn ich das Gefühl hatte, vor Erschöpfung keine Kraft mehr zu haben. Gemeinsam, mit viel Power und Leidenschaft, hat so das große Buchprojekt riesigen Spaß gemacht.

Danke meinen lieben Eltern Traudl und Rudi sowie meinem Bruder Thomas Wöllstein und meiner Schwester Andrea Huber mit ihrer Familie, die mich bis heute auf meiner langen Reise durch die (Patisserie-)Welt immer unterstützt und nie an mir und meinen verrückten Ideen gezweifelt haben. Danke für all das, was ihr für mich getan habt.

Auf dem Weg dorthin haben mich meine wichtigsten Freunde treu begleitet. Dr. Ina Sebastian, ohne die es das Desserthaus in seiner heutigen Form vielleicht nicht gäbe. Mit ihrer motivierenden Unterstützung meiner Selbstständigkeit und ihrem Glauben an den Erfolg der Schule, begonnen von der Planung, der Immobiliensuche, dem Prüfen der Verträge bis hin zur Eröffnung und Durchführung der ersten Kurse und der Buchvorbereitung hat sie mir sehr geholfen. Für diesen großen Einsatz möchte ich mich ganz besonders bedanken.

Einen ganz lieben Dank an Marie-Theres Reisser (Reisserdesign), die mir seit 25 Jahren als gute Freundin und Beraterin zur Seite steht. Als kreative Designerin hat sie u. a. meine Website gestaltet. Auch während der Buchproduktion konnte ich mich immer auf ihre Meinung als Freundin und Fachfrau verlassen.

Danke auch an meine treuen Freunde Anahita Dastur, Silke Martin, Ela Marg, Christoph Oettl und Nigel Braithwaite, die mich seit Jahren begleiten, viele meiner Erfahrungen persönlich mitbekommen und mich auf meiner Reise nie im Stich gelassen haben. Auch für ihre hartnäckige Motivation, ein Backbuch zu schreiben, muss ich ihnen sehr danken.

Lieben Dank an Jutta Seidel und Ago Vüllers (Rechtsanwälte Vüllers & Seidel), die mir bei der Buchplanung beratend zur Seite standen und viele Rezepte vorkosteten. Was zur Folge hat, dass ich dort nie wieder ohne Tortenschachtel auftauchen darf ☺.

Dank auch an den Christian Verlag: an Sonya Mayer, Barbara Hoffmann, Andreas von Bleichert, Thomas Nehm und die Redakteurin Monika Judä.

Ein großes Dankeschön auch an unsere Fotografin Anja Prestel, die mit einer Engelsgeduld die perfekten Fotos erarbeitet hat.

Register

Ebenfalls erhältlich ...

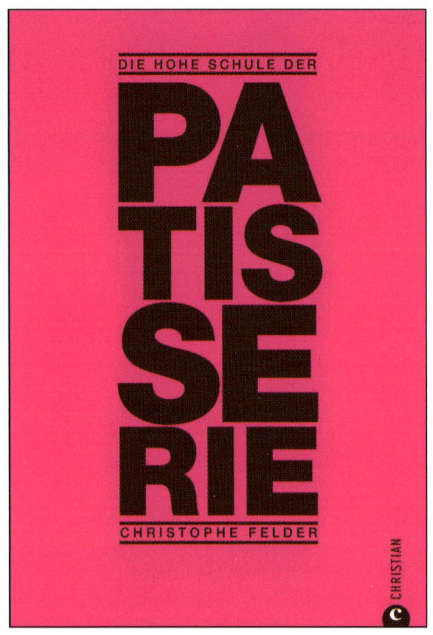

ISBN 978-3-86244-179-2

ISBN 978-3-86244-670-4

ISBN 978-3-86244-381-9

ISBN 978-3-86244-755-8

 CHRISTIAN

www.christian-verlag.de